Häuser und Wohnungen in der Familie vererben

Die Weitergabe steuerlich, rechtlich und ohne Streit gestalten

Stefan Horn

Akademische Arbeitsgemeinschaft | Mannheim

Postfach 10 01 61 · 68001 Mannheim
Telefon 0621/8626262
Telefax 0621/8626263
www.akademische.de

8. aktualisierte Auflage

Stand: August 2022

Zum Zwecke der besseren Lesbarkeit verwenden wir allgemein die grammatisch männliche Form. Selbstverständlich meinen wir aber bei Personenbezeichnungen immer alle Menschen unabhängig von ihrer jeweiligen geschlechtlichen Identität.

Redaktion: Dr. Torsten Hahn, Benedikt Naglik, Kim Haberstroh

Geschäftsführer: Christoph Schmidt, Stefan Wahle

Layout und Umschlaggestaltung: futurweiss kommunikationen, Wiesbaden

Bildquellen: © WavebreakmediaMicro – Fotolia.com; © JS-LE-PHOTOGRAPHY – Fotolia.com

Printed in Poland

ISBN 978-3-96533-267-6

Vorwort

Liebe Leserin, lieber Leser,

Immobilien gehören schon seit vielen Jahren zu den beliebtesten Anlageformen in Deutschland. Angestellte und Selbstständige setzen schon seit Jahrzehnten auf zwei Säulen bei ihrer privaten Altersvorsorge: die Lebensversicherung und Immobilien.

In den nächsten Jahren steht nun die Weitergabe des aufgebauten Vermögens an. Nach einer Studie aus dem Jahr 2012 wird in beinahe jeder zweiten Erbschaft der nächsten Jahre eine Immobilie enthalten sein.

Das ist für uns Anlass, die Möglichkeiten zur Weitergabe einer Immobilie genauer zu beleuchten. In dieser Broschüre erfahren Sie, welche Übertragungswege Ihnen offenstehen und wie Sie die vorhandenen Werte bei der Weitergabe schützen können. Denn bei einem Streit unter Erben können Immobilien schnell an Wert verlieren oder bei einem Verkauf im Streit weit unter dem tatsächlichen Wert verschleudert werden.

Um das zu verhindern, sollten Sie frühzeitig rechtssichere Regelungen treffen und dafür sorgen, dass die Interessen aller Beteiligten gewahrt bleiben. Dafür benötigen Sie Zeit und das Wissen um die Gestaltungsmöglichkeiten. Zeit genug haben Sie, wenn Sie sich frühzeitig mit der Frage beschäftigen, was aus Ihrem Immobilienvermögen einmal werden soll. Das erforderliche Wissen finden Sie in dieser Broschüre.

Ausgangspunkt für eine vorteilhafte Gestaltung des Vermögensübergangs ist, die Interessen der Beteiligten kennenzulernen. Sie erfahren, wie am besten die eigenen Interessen und die Wünsche von Kindern und Angehörigen zusammengeführt werden.

Im zweiten Teil der Broschüre lernen Sie die Möglichkeiten zu einer steuerlich und rechtlich abgesicherten Weitergabe von Immobilien kennen. Mit den richtigen Gestaltungen lassen sich beinahe alle Wünsche der Eigentümer rechtssicher realisieren.

Wer als Erbe Eigentümer einer Immobilie wird, findet im dritten Teil Hilfestellung für den Umgang mit dem Erbe und für die Abwicklung des Eigentumsübergangs.

Viel Erfolg bei der Umsetzung Ihrer Vorstellungen wünscht

Ihre »Steuertipps«-Redaktion

Inhalt

1 Formen der Generationennachfolge

Das Gesamtvermögen der Deutschen ist in den letzten Jahren kontinuierlich gestiegen. Deshalb stehen in den nächsten Jahren große Vermögenswerte zur Übergabe an die nächste Generation an. Darunter befinden sich auch viele **Immobilien,** die entweder von der älteren Generation selbst genutzt oder als Teil der Altersversorgung vermietet werden. Je älter der Eigentümer ist, desto eher stellt sich die Frage, wer nach dessen Tod die Immobilien erhält.

Grundsätzlich haben Sie als Immobilienbesitzer im höheren Alter drei Handlungsalternativen mit dieser Fragestellung umzugehen:

1. Sie treffen zu Lebzeiten **keine Regelung** zur Immobilienweitergabe und verfassen auch **kein Testament.** In diesem Fall greifen die Regelungen des Bürgerlichen Gesetzbuches (BGB) zur gesetzlichen Erbfolge.

2. Sie geben die Immobilie nicht weiter, verfassen aber ein **Testament.** Damit Ihr Letzter Wille juristisch wirksam ist, müssen gesetzliche Formvorschriften eingehalten werden. Ansonsten greift die gesetzliche Erbfolge.

3. Sie übergeben Ihre Immobilie zu Lebzeiten an einen oder mehrere potenzielle Erben im Rahmen der **vorweggenommenen Erbfolge.** Dabei übertragen Sie auf Ihre Angehörigen durch einen Schenkungsvertrag Immobilien oder andere Vermögenswerte.

   Möchten Sie das Vermögen noch nicht vollständig weitergeben, können Sie eine Schenkung unter Auflagen vornehmen. In vielen Fällen behalten sich die Schenker Rechte zu ihrer persönlichen Absicherung oder Versorgung vor (z.B. Nießbrauch oder Wohnrechte, Rentenzahlungen oder Pflegeverpflichtungen der Erben).

Wichtige **Ziele** einer vorweggenommenen Erbfolge sind eine möglichst geringe Steuerbelastung für Sie selbst und für Ihre Kinder, die finanzielle Unterstützung der Kinder bei ihrer Lebensplanung, die

Erhaltung des Familienvermögens, eine abgesicherte Wohnsituation für Sie sowie ggf. Ihre »Versorgung« im Krankheits- oder Pflegefall durch Kinder oder andere Angehörige. Außerdem wird Ihnen sicher an einem guten Zusammenhalt innerhalb der Familie gelegen sein.

Im Hinblick auf die Ziele, die Sie selbst mit Ihrer Immobilie verfolgen, können Sie mithilfe dieses Beitrags genau prüfen, welche der genannten Alternativen für Sie infrage kommt. Denn wir erläutern die rechtlichen und finanziellen Konsequenzen der einzelnen Optionen bei der Weitergabe von Immobilienvermögen. Außerdem stellen wir Ihnen in diesem Beitrag Arbeitshilfen zur Verfügung, mit denen Sie die eigene Situation fundiert bewerten und am Ende gemeinsam mit Ihrer Familie eine für alle Beteiligten gute Entscheidung treffen können.

Eine Besonderheit bei Immobilien ist die **emotionale Bindung** an das Objekt, die oft wesentlich stärker ist als bei anderen Vermögenswerten. Immobilieneigentümer tun sich deshalb besonders schwer, schon zu Lebzeiten Eigentum und Einfluss abzugeben. Doch je größer die Vermögenswerte sind, desto wichtiger ist es, sich frühzeitig mit der Übertragung in die nächste Generation zu beschäftigen, um so negative Rechtsfolgen und eine hohe Belastung mit Erbschaftsteuer zu vermeiden. Nur so haben Sie die Möglichkeit, insbesondere finanzielle Vorteile für sich und Ihre Familie zu nutzen.

Die **Vorbereitung** einer fundierten Entscheidung nimmt oft viel Zeit in Anspruch. Nicht selten vergeht mehr als ein Jahr, bis alle Beteiligten eine Lösung gefunden haben, bei der niemand sich benachteiligt fühlt und die den Ansprüchen aller gerecht wird. Denken Sie auch daran, dass die Freibeträge des Erbschaft- und Schenkungsteuerrechts alle zehn Jahre erneut genutzt werden können. Je früher Sie mit Vermögensumschichtungen beginnen, desto häufiger können die Freibeträge in Anspruch genommen werden.

Um die oben genannten Handlungsalternativen unter finanziellen, rechtlichen und bedürfnisorientierten Aspekten bewerten und letztlich eine fundierte **Entscheidung** treffen zu können, hilft es, systematisch vorzugehen. Eine solche Bewertung der verschiedenen Optionen umfasst folgende Schritte:

1. **Bestandsaufnahme:** Bevor Alternativen zur Erreichung der genannten Ziele geprüft werden können, sollten Sie eine Übersicht des vorhandenen Immobilienvermögens erstellen. Dazu gehört auch ein Überblick über Finanzierung, Einnahmen und steuerliche Rahmendaten.

   Ausgehend von dieser Übersicht können Auswirkungen von Übertragungen zu Lebzeiten geprüft und Interessen möglicher Nachfolger ausgelotet werden.

2. Damit ist die Basis gelegt für eine steuerliche und rechtliche Optimierung.

3. Im nächsten Schritt treffen Sie die Entscheidung, zu welchem **Zeitpunkt** Immobilien weitergegeben werden sollen. Nun wird auch über die **Art der Übertragung** entschieden, die den Bedürfnissen aller Beteiligten am besten entspricht.

4. Ist der Ablauf festgelegt, müssen die **Verträge** gestaltet und geschlossen werden. Nach der Beurkundung der Übertragung durch einen Notar erfolgen die Umschreibung im Grundbuch und der Eigentumsübergang.

1.1 Vermögensübergabe unter Lebenden (Schenkung)

Können und wollen Sie sich schon vor dem eigenen Tod von Teilen des Vermögens trennen, stehen Ihnen verschiedene Gestaltungsmöglichkeiten zur Verfügung. Sie können den Übertragungsweg des Immobilieneigentums ebenso festlegen wie Rahmenbedingungen, Auflagen und Verfügungsbeschränkungen.

Die Möglichkeit, eine materiell vorteilhafte Gestaltung zu wählen und drohende rechtliche Nachteile zu vermeiden, kann ein Anreiz sein, über eine frühzeitige Übertragung nachzudenken.

Allerdings sollten bestimmte **Rahmenbedingungen** beachtet werden, damit eine Schenkung eine gute Alternative ist:

- Eine Bedingung dafür ist, dass die Immobilien nicht selbst noch in vollem Umfang benötigt werden. Benötigen Sie das Einkommen aus der Immobilie zur Sicherung des Lebensunterhalts oder dient die Immobilie als Darlehenssicherheit, kann das eine Übertragung erschweren oder unmöglich machen.
- Soll Ihre Immobilie auf die Kinder übertragen werden, ist das ohne größere Probleme nur dann möglich, wenn die Kinder bereits volljährig sind. Bei einer Übertragung auf Minderjährige muss ein vom Vormundschaftsgericht bestellter **Ergänzungspfleger** zustimmen, wenn die Übertragung von den Eltern erfolgen soll. Weil die Schenkung einer Immobilie nicht nur Vorteile mit sich bringt, sondern dem Kind auch Verpflichtungen aufbürdet, können die Eltern als Schenker das Kind nicht zugleich bei der Annahme der Schenkung vertreten.

1.2 Vermögensübergabe durch Tod (Erbschaft)

Stirbt der Eigentümer, geht das Immobilieneigentum auf die in einem Testament begünstigten Personen über. Gibt es keine Regelungen durch Testament oder Erbvertrag, greift das **gesetzliche Erbrecht.** Das gesamte Vermögen fällt im Normalfall zu gleichen Teilen an die direkten Nachkommen des Erblassers und einen Ehe- oder Lebenspartner. Gibt es weder Nachkommen noch Ehe- oder Lebenspartner, fällt der Nachlass an die Eltern oder – falls diese schon verstorben sind – an deren Nachkommen, also die Geschwister des Erblassers oder deren Kinder.

Wollen Sie selbst Einfluss darauf nehmen, was mit Ihrem Vermögen geschieht, gibt es nur zwei Optionen:

- die Übertragung zu Lebzeiten **oder**
- die Abfassung eines rechtlich einwandfreien, detaillierten Testaments.

Wer als Immobilienbesitzer wichtige Ziele erreichen möchte, kommt nicht darum herum, sich damit rechtzeitig zu befassen und auch die Interessen möglicher Nachfolger zu berücksichtigen. Dabei dürfen die rechtlichen Vorgaben nicht außer Acht gelassen werden.

2 Immobilienarten

Bei der Erstellung einer **Übersicht über das Immobilienvermögen** muss man zuerst nach der Art der Nutzung unterscheiden. Die Nutzung vor einem Verkauf oder einer Übertragung hat große Auswirkungen auf die steuerliche Behandlung des Vorgangs. Bei privat genutzten Objekten kann die Übersicht dazu verhelfen, emotionale Bindungen zu erkennen. Mehr dazu finden Sie im Kapitel »Emotionale Bindung«.

Wird eine Immobilie dagegen als reine Kapitalanlage betrachtet, sieht der Eigentümer auch eine Übertragung rein rational.

2.1 Wohnimmobilien

In den meisten Fällen von Immobilieneigentum geht es um Wohneigentum, also um eine Eigentumswohnung, ein Ein- oder Mehrfamilienhaus.

2.1.1 Selbst genutzte Immobilien

Die selbst genutzte Immobilie nimmt bei der Organisation der Vermögensnachfolge eine Sonderstellung ein.

Nicht nur, dass der Eigentümer selbst auch weiterhin darin wohnen möchte und darum ein Verkauf oder eine vorbehaltlose Übertragung auf Angehörige ausscheidet, sondern auch emotional besteht in der Regel eine sehr enge Bindung zu der Immobilie, die unter Umständen jahrzehntelang den Lebensmittelpunkt darstellte.

In der Praxis ist darum immer wieder zu beobachten, dass Senioren an einem Objekt als Wohnsitz festhalten, obwohl es den eigenen Bedürfnissen schon lange nicht mehr gerecht wird und der Unterhalt die Eigentümer bereits seit Langem überfordert.

Es ist häufig der Fall, dass eine Immobilie nur noch in Teilen genutzt wird, weil zum Beispiel frühere Kinderzimmer oder Büroräume im Alter nicht mehr benötigt werden. Auch Objekte, die über mehrere Etagen verfügen, können für Senioren mit eingeschränkter Beweglichkeit eine Einschränkung der Lebensqualität bedeuten. Eine Anpassung an die neuen Anforderungen durch Umbau von Treppen, Bädern etc. ist aber nicht immer ohne Weiteres möglich oder gewünscht und verursacht zudem hohe Kosten. Beinahe jedem Leser wird hier ein Beispiel einfallen. Ob und wie ein selbst genutztes Eigenheim dennoch übergeben werden kann, ist von vielen Faktoren abhängig.

Werden der Unterhalt und die Pflege der Immobilie für die Eigentümer zu aufwendig, können Angehörige vorsichtig versuchen, in Gesprächen für die Schwierigkeiten zu sensibilisieren und eine Übertragung als Alternative vorschlagen. Soll der Einfluss auf das Schicksal der Immobilie gewahrt bleiben, bieten sich hier verschiedene Übertragungsformen mit Vorbehalten an, wie ein Nießbrauch, ein Wohnrecht oder vertraglich vereinbarte Verfügungsbeschränkungen.

Prüfen Sie mithilfe der folgenden **Checkliste,** ob das Objekt auch im Alter Ihren Ansprüchen gerecht wird. Je öfter Sie mit Nein antworten, desto eher ist ein Wechsel der Wohnung zu empfehlen:

Passt meine Immobilie zu meinen Bedürfnissen im Alter?	**ja**	**nein**
Die Wohnfläche entspricht meinen Anforderungen (nicht zu groß – auch nicht zu klein).	[ ]	[ ]
Die Wohnung ist auch im Alter gut und ohne Hindernisse zugänglich oder kann durch Installation von Hilfsmitteln zugänglich gemacht werden.	[ ]	[ ]
Die Pflege der Räume kann ich selbst gewährleisten oder mit einer Haushaltshilfe sicherstellen.	[ ]	[ ]
Alle Räume sind für mich ohne Einschränkungen zu erreichen, es gibt keine schwer zu bewältigenden Treppen, Hindernisse etc.	[ ]	[ ]
Bäder können gut auch mit Gehhilfe o.Ä. benutzt werden.	[ ]	[ ]

Passt meine Immobilie zu meinen Bedürfnissen im Alter?	ja	nein
Die Pflege von Grundstück und Außenanlagen kann gewährleistet werden (ggf. mit fremder Hilfe).	[ ]	[ ]
Alle Besorgungen des täglichen Bedarfs können im Notfall auch ohne Pkw erledigt werden.	[ ]	[ ]
Im Umfeld ist eine ausreichende medizinische Versorgung sichergestellt.	[ ]	[ ]

2.1.2 Vermietete Immobilien

Diese Immobilien stellen für die Eigentümer meist eine Kapitalanlage dar und dienen vor allem der Einkunftserzielung. Die Beurteilung der Situation erfolgt hier deutlich rationaler.

Soll geprüft werden, ob eine Übertragung auf Erben oder Angehörige schon zu Lebzeiten infrage kommt, geht es vor allem darum, welche Erträge erwirtschaftet werden und wie hoch die auf einem Objekt lastenden Verbindlichkeiten sind. Eine Übergabe scheidet aus, wenn die Einnahmen vom Eigentümer noch zum Lebensunterhalt benötigt werden oder aber der potenzielle Übernehmer eine mit dem Objekt verbundene Belastung, zum Beispiel aus einem mit zu übernehmenden Kredit zur Kaufpreisfinanzierung, nicht schultern kann.

Aber auch bei vermieteten Objekten spielt gelegentlich eine emotionale Bindung an ein Objekt eine besondere Rolle. Inzwischen ist es gar nicht mehr so selten, dass das Eigenheim der Eltern nach deren Tod von einem Kind übernommen und vermietet wird. Besteht zum Beispiel der Wunsch, keine strukturellen Änderungen vorzunehmen, muss darüber mit den Übernehmern (den Kindern) vor der Übertragung eine Einigung erreicht und unter Umständen verbindlich festgehalten werden. Hier bieten sich **vertragliche Regelungen** ebenso an wie eine Fixierung der Wünsche in einem **Testament.**

2.2 Gewerbeobjekte

Weniger häufig befinden sich reine Gewerbeobjekte in Privatbesitz. Ein Grund sind die hohen Kosten, die mit der Erstellung von größeren Gewerbeeinheiten verbunden sind. Darum kommen als Eigentümer dieser Objekte in der Regel nur Unternehmer und sehr vermögende Privatiers infrage.

Bei besonders großen Objekten gibt es statt einzelner Investoren häufig einen Zusammenschluss verschiedener Geldgeber, die das Investitionsrisiko auf mehrere Schultern verteilen. Die Varianten reichen hier von einem Zusammenschluss von zwei Geldgebern in einer kleinen BGB-Gesellschaft bis zur organisierten Anwerbung von Hunderten von Geldgebern für ein Immobilienprojekt in einem geschlossenen Immobilienfonds.

2.2.1 Selbst genutzte Gewerbeobjekte

Kompliziert gestaltet sich die Weitergabe von Gewerbeimmobilien dann, wenn der Eigentümer in dem Objekt seine eigene Tätigkeit ausübt. Eine Weitergabe erfolgt dann oft nur unter großen Vorbehalten, weil nicht nur steuerliche Schwierigkeiten auftreten können. Darüber hinaus kann auch die eigene unternehmerische Freiheit eingeschränkt werden, wenn durch die Übertragung ein Vermieter auf den Plan tritt.

Übertragungen sollten in diesem Bereich wohlüberlegt sein und unter Berücksichtigung aller Details mit einem Steuerberater besprochen werden. Gehört die Immobilie zum Betriebsvermögen, kann eine Übertragung zur Aufdeckung stiller Reserven und damit zu einer erheblichen Einkommensteuerbelastung führen. Darum sollten Sie in diesem Fall nicht auf die individuelle Einzelfallprüfung mit einem Experten verzichten.

2.2.2 Vermietete Gewerbeobjekte

Um rein wirtschaftliche Erwägungen geht es dagegen bei fremdvermieteten Gewerbeobjekten. Hier kann man davon ausgehen, dass die Erzielung von Einnahmen im Vordergrund steht und keine emotionalen Bindungen oder Präferenzen eine Entscheidung über die zukünftige Nutzung und Verwendung eines Objekts und den zukünftigen Eigentümer beeinflussen.

Die Entscheidung selbst kann dennoch nicht einfach sein. Denn gerade bei Gewerbeobjekten sind große Beträge im Spiel und für den Übergeber fallen unter Umständen größere Einnahmeteile weg. Andererseits entstehen für den Übernehmer große Belastungen.

Möglicherweise genügen die **Sicherheiten,** die der Übernehmer stellen kann, nicht, um alle Finanzierungskosten abzusichern. In diesem Fall muss geprüft werden, ob weitere Sicherheiten vom Übergeber gestellt werden können oder aber vor einer Übertragung Teile einer Finanzierung aus anderen Quellen zurückgeführt werden müssen. Dabei ist aber zu bedenken, dass mit einer Darlehenstilgung auch die mit den Einnahmen verbundenen Werbungskosten sinken und so das steuerliche Ergebnis steigt. Die Vorbereitung der Übertragung hätte in diesem Fall also direkte **steuerliche Auswirkungen.**

Bei Beteiligungen an **Immobiliengesellschaften** kann dagegen der Gesellschaftsanteil oft recht einfach übertragen werden. Je größer die Zahl der Mitgesellschafter ist, desto einfacher sind meist die Regelungen für die Weitergabe von Anteilen gestaltet. In kleinen Gesellschaften, die nach den Regeln des Bürgerlichen Gesetzbuches verfahren, müssen dagegen die Mitgesellschafter den neuen Anteilseigner akzeptieren, damit eine Weitergabe möglich ist.

3 Interessengruppen und Blickwinkel

Vor einer konkreten Auseinandersetzung mit den vorhandenen Immobilien und einer möglichen Übertragung zu Lebzeiten ist es besonders wichtig, die betroffenen Personen einmal genauer unter die Lupe zu nehmen.

Dazu gehört nicht nur, sich einen Überblick zu verschaffen, welche Familienmitglieder beteiligt werden sollen, sondern auch bereits im Vorfeld die **individuellen Interessen** aller Beteiligten kennenzulernen.

Hier helfen häufig **offene Gespräche.** Wichtig ist aber, dass alle Beteiligten vorher einige Regeln vereinbaren, die zu einer zweckmäßigen Gesprächsführung beitragen können. Gerade innerhalb der Familie zwischen Eltern und Kindern ist es nicht ungewöhnlich, dass eigene Vorstellungen nicht offen ausgesprochen werden und vieles ungesagt als gegeben angenommen wird. Vereinbaren Sie deshalb Spielregeln, die helfen können, einen Teil dieser Probleme auszuräumen:

1. Jeder gibt seine eigene Meinung deutlich wieder.
2. Ansichten dürfen von jedem Gesprächspartner – Eltern, Kinder, Schwiegerkinder – offen ausgesprochen werden, ohne dass diese infrage gestellt werden.
3. Argumente werden ausgetauscht, es ist aber nicht zwingend erforderlich, in allen Punkten eine Einigung zu erzielen. Jeder hat das Recht, seine Meinung beizubehalten und zu einem Vorschlag Nein zu sagen.

Halten Sie die Vorstellungen der Beteiligten kurz schriftlich fest. Das erlaubt einen sachlichen Überblick und bietet in einem späteren Schritt die Möglichkeit, von allen akzeptierte Vorgehensweisen schnell zu erkennen.

Gibt es bereits im Vorfeld Unstimmigkeiten zwischen den verschiedenen Familienmitgliedern oder befürchten Sie, dass entweder wichtige Punkte nicht offen angesprochen werden oder aber zu Auseinandersetzungen führen können, hilft es, **einen Dritten als Moderator** hinzuzuziehen. Dieser sollte von allen Beteiligten als kompetent akzeptiert werden und im Idealfall allen Familienmitgliedern bereits vertraut sein.

In der Regel sind zuerst einmal **Eltern und Kinder** die Hauptpersonen, wenn es um die Vermögensnachfolge geht. In einigen Fällen kann es sinnvoll sein, schon die Enkel in die Diskussion einzubinden. Besonders, wenn die Enkelkinder schon alt genug sind, um die eigene Lebensplanung einzubringen, kann die Einbeziehung der Enkel helfen, steuerlich optimierte Lösungen zu gestalten.

Zeigt sich bei einer Analyse der Ausgangssituation allerdings, dass Kinder und Enkel nicht in allen Fällen als Nachfolger infrage kommen, weil sie zum Beispiel zu weit entfernt leben, um eine vermietete Immobilie sinnvoll zu verwalten, kann eine Betrachtung des **erweiterten Familienverbundes** zur Lösung verhelfen. Geschwister und deren Nachkommen können ebenfalls als Interessenten und Kandidaten für eine Übergabe auftreten.

3.1 Senioren (Immobilieneigner)

Bevor andere Personen in die Überlegungen einbezogen werden, müssen sich zunächst die aktuellen Eigentümer einer Immobilie über ihre Ziele, Erwartungen, aber auch die finanziellen Rahmenbedingungen klar werden, die bei einer Übergabe berücksichtigt werden müssen. Je systematischer Sie dabei vorgehen, desto einfacher fällt es, Entscheidungsalternativen zu identifizieren und die Vor- und Nachteile abzuwägen. Darum finden Sie in diesem Beitrag viele Arbeitsblätter, die Ihnen helfen, geordnet vorzugehen.

3.1.1 Emotionale Bindung

Bevor überhaupt nachgedacht wird, ob eine Immobilie übergeben werden kann, oder die Übergabe aus steuerlicher Sicht zu empfehlen ist, sollten die emotionalen Aspekte bedacht werden. Besonders, wenn es um die Weitergabe des eigenen Elternhauses oder die selbst errichtete Immobilie geht, spielen Gefühle oft eine viel größere Rolle als die nackten Zahlen.

Das dürfte auch ein Grund sein, warum es noch immer viele Senioren gibt, die in einer nach dem Auszug der Kinder inzwischen viel zu groß gewordenen Immobilie leben, deren Pflege und Unterhaltung die eigenen Kräfte übersteigt.

Falls Sie **mehrere Immobilien** besitzen, sollten Sie zur Vorbereitung eine Liste zusammenstellen, von welchen Objekten Sie sich am leichtesten trennen könnten. Beginnen Sie mit den Objekten, bei denen Ihnen die Weitergabe am wenigsten ausmachen würde, und arbeiten Sie sich zu der Immobilie vor, die Sie unter keinen Umständen vorzeitig übergeben möchten.

3.1.2 Finanzielle Abhängigkeit vom Immobilieneinkommen

Immobilien waren als »Betongold« für viele Investoren der sichere Hafen bei der Geldanlage. Gerade Generationen, die sich noch an die Zeit erinnern konnten, als Bargeld durch Hyperinflation schneller an Wert verlor, als sie es ausgeben konnten, investierten gerne große Teile des Vermögens in Sachwerte. Diese Werte und Wertvorstellungen gaben sie auch an ihre Kinder weiter, die heute in dem Alter sind, dass die Übergabe des Vermögens ansteht.

Viele gut verdienende Arbeitnehmer und Selbstständige haben bei ihrer Altersversorgung auf zwei wesentliche Bausteine gesetzt. Ein Baustein waren Lebensversicherungen, weil diese in der Vergangenheit hohe Renditen und Steuerfreiheit versprachen. Der zweite Bestandteil waren Immobilien, die mit Mieteinnahmen ein regelmäßiges Einkommen im Alter sichern sollten.

Die Erträge von Lebensversicherungen sind aus vielen Gründen letztlich geringer ausgefallen als bei Vertragsabschluss erwartet. Darum kommt dem Einkommensteil Mieteinnahmen in der Altersversorgung noch mehr Bedeutung zu.

Wird ein Teil der **Mieteinnahmen noch benötigt,** den eigenen Bedarf zu decken, scheidet eine vorbehaltlose Übertragung aller Immobilien aus. Es muss entweder auf die Übertragung von Immobilien – in Teilen – verzichtet werden oder der Lebensunterhalt muss bei der Übertragung weiterhin gesichert werden können. Das kann durch Vereinbarung von **Rentenzahlungen** durch den neuen Eigentümer ebenso erfolgen wie durch einen **Nießbrauchsvorbehalt.** Wie das funktioniert, stellen wir im Kapitel »Nießbrauch zur Absicherung der Eltern« dar.

3.1.3 Der Wunsch nach Eigennutzung

Das selbst genutzte Wohnhaus zu übertragen fällt meist besonders schwer. Zu groß ist die Sorge, bei einer Auseinandersetzung mit den eigenen Kindern das Dach über dem Kopf zu verlieren oder in den eigenen vier Wänden nicht mehr tun zu können, was man möchte. Für viele Senioren fällt daher das eigene Wohnhaus aus allen Überlegungen der vorgezogenen Vermögensnachfolge heraus. Daran ändern auch die Möglichkeiten, sich die **Nutzung zu sichern,** nichts.

Möchten Sie die selbst genutzte Immobilie auch in Zukunft weiter bewohnen, klammern Sie das Objekt bei der Übertragungsplanung zunächst aus. Wer lange Jahre im Eigenheim gewohnt hat, wird sich schwertun, wenn das Objekt plötzlich nicht mehr ihm selbst gehört und er vor größeren Maßnahmen den neuen Eigentümer, der zudem noch das eigene Kind ist, um Erlaubnis fragen muss. Nehmen Sie dennoch bauliche Veränderungen vor, ohne den neuen Eigentümer zu fragen, ist Streit vorprogrammiert. Bedenken Sie, dass bereits kleine Umbauten – wie die Verbreiterung von Türen für leichtere Zugänge mit einer Gehhilfe – nicht mehr ohne Abstimmung möglich sind.

Nur wenn absolut klare Verhältnisse zwischen Eltern und Kindern geschaffen wurden und auch die Entscheidungen über mögliche spätere Veränderungen besprochen sind, bestehen gute Chancen, Konflikte zu vermeiden.

! Ergibt sich bereits bei den Vorgesprächen, dass eines Ihrer Kinder die Immobilie nach Ihrem Tod selbst nutzen möchte, sollten Sie erwägen, diesem Kind das Objekt durch Testament zuzuwenden. So kann die **Erbschaftsteuerbefreiung für das Familienheim** in Anspruch genommen werden. Der Vorteil: Die Weitergabe des Eigenheims belastet die Freibeträge der Erbschaft- und Schenkungsteuer nicht. Mehr dazu erfahren Sie im Kapitel »Steuerliche Aspekte der Immobilienübertragung«.

3.1.4 Auseinandersetzung des Nachlasses

Eine Übertragung von Todes wegen findet immer ungeplant statt. Oft ist nicht alles so gründlich geregelt, dass tatsächlich der Wille des Erblassers rechtlich umgesetzt wird. Für die Erben bedeutet das oft eine langwierige Auseinandersetzung, bis schließlich Einigkeit herbeigeführt werden kann.

Besonders, wenn so pflegeintensive Vermögensteile wie Immobilien Teil des Nachlasses sind, kann das dazu führen, dass der Wert des Nachlasses schon sinkt, bevor die Erben endlich Zugriff darauf haben. Denn während der Nachlassauseinandersetzung müssen Entscheidungen über Maßnahmen an den Immobilien gemeinsam getroffen werden. Besteht aber Uneinigkeit über die Nachlassverteilung, kommt es schnell dazu, dass zunächst viele Dinge aufgeschoben werden. So kann sich während einer lang andauernden Nachlassregulierung ein Instandhaltungsstau aufbauen, durch den die **Immobilien** schon **an Wert verlieren,** bevor die Erben tatsächlich Zugriff darauf haben.

Die einzige Möglichkeit, dieses Risiko vollständig auszuschließen, ist eine Übertragung der »kritischen« Objekte zu Lebzeiten. Für den Todesfall bleibt nur die Möglichkeit, das Nachlassverfahren durch eindeutige und verständliche Regelungen zu beschleunigen. Sie sind aber nicht davor geschützt, dass die Erben sich um Testamente oder Pflichtteile streiten und dadurch lange Verfahren entstehen.

! Bei besonders komplexem Immobilienvermögen kann es den Wert des Vermögens sichern, wenn Objekte, die intensive Betreuung erfordern, schon zu Lebzeiten übertragen werden. So kann kein Handlungsstau während der Nachlassregulierung eintreten.

Gerade bei Immobilien kommt hinzu, dass die späteren Erben einen deutlich höheren Nutzen von einer Immobilie haben, wenn sie frühzeitig Eigentümer werden. Denn zum einen nutzt ein selbst genutztes Eigenheim einer jungen Familie mehr als ein geerbtes Eigenheim zu einem Zeitpunkt, an dem die eigenen Kinder bereits dabei sind, eigene Wege zu gehen. Zum anderen sind die zusätzlichen Einnahmen aus einer vermieteten Immobilie gerade zu Anfang des Karriereweges eine willkommene Zusatzeinnahme.

3.1.5 Einkommensteuergestaltung

Zwischen Eltern und Kindern gibt es häufig große Unterschiede in der persönlichen Steuerbelastung. Sei es, dass die Kinder sich noch in Ausbildung oder Studium befinden oder aber am Anfang des Berufslebens noch ein geringeres Einkommen erzielen als die Eltern. So ist die Situation nicht ungewöhnlich, dass bei den Eltern auf die Einkünfte aus Vermietung und Verpachtung eine Steuerbelastung von 42 % anfällt, während bei den Kindern ein Teil des Grundfreibetrags ungenutzt verfällt.

Da liegt der Gedanke nahe, durch Übertragung der Immobilien einen Teil der Erträge bei den Kindern anfallen zu lassen und damit deren geringere Steuerbelastung zu nutzen. Wie das funktioniert, erfahren Sie im Kapitel »Steuerliche Aspekte der Immobilienübertragung«.

3.1.6 Erbschaftsteuergestaltung (mehrfache Nutzung von Freibeträgen)

Auch für die Erbschaftsteuerbelastung kann die vorzeitige Weitergabe von Immobilien eine Einsparung erbringen. Liegt das Gesamtvermögen, das bei Tod der Senioren vererbt wird, über den Erbschaftsteuerfreibeträgen, kann eine frühzeitige Übertragung weiterhelfen. Denn die Steuerfreibeträge der Erbschaft- und Schenkungsteuer leben nach zehn Jahren wieder auf. Das bedeutet also, dass derjenige, der rechtzeitig an Übertragungen denkt, die Freibeträge mehrfach nutzen kann. Mehr Informationen hierzu finden Sie im Kapitel »Erbschaft-/Schenkungsteuer«.

3.2 Kinder (potenzielle Erben)

Die möglichen Erben, meist die Kinder, haben oft eigene Vorstellungen, wie eine optimale Verwendung der elterlichen Immobilien aussehen könnte. Nur wenn die Vorstellungen der Kinder mit den Wünschen der Eltern vereinbar sind, kann eine sinnvolle Lösung gefunden werden, die von allen Beteiligten akzeptiert wird.

Aus diesem Grund sollten sich auch die Übergeber intensiv damit beschäftigen, was die möglichen künftigen Eigentümer bewegen kann.

3.2.1 Wunsch der Nutzung

Wird eine Immobilie übertragen, stellt sich immer auch die Frage, wie das Objekt in der Zukunft genutzt wird. Besonders dann, wenn der künftige Eigner selbst noch Mieter ist, wächst oft der Wunsch, künftig im Eigenheim zu wohnen.

Dieser Wunsch bringt besondere **Anforderungen an die übertragene Immobilie** mit sich. Das Objekt muss nicht nur den Erfordernissen des Übernehmers entsprechen, auch die Finanzierung darf den neuen Eigner nicht vor Probleme stellen. Zugleich soll die Immobilie kurzfristig zur Verfügung stehen. Steht eine bisher vermietete Immobilie im Mittelpunkt des Interesses, muss zuerst einmal geklärt werden, ob der bestehende Mietvertrag ohne Weiteres wegen Eigenbedarf des neuen Eigners gekündigt werden kann.

Die Entscheidung zur Eigennutzung ist in der Regel nicht nur von rein **wirtschaftlichen Überlegungen** motiviert. Müssen vor einem Einzug aber noch Veränderungen vorgenommen werden, ist auch die wirtschaftliche Betrachtung des Vorgangs von enormer Bedeutung. Nur wenn auch die Bereitstellung dieser Mittel gesichert ist oder zusätzliches Barvermögen mit der Immobilie den Besitzer wechselt, kann die Übertragung glücklich verlaufen. Die rechtzeitige Prüfung aller Rahmenbedingungen stellt sicher, dass der Empfänger nicht durch die mit der Immobilie verbundenen Belastungen überfordert ist. Um hier einen Überblick zu bekommen, können Sie unsere Arbeitshilfe »Übersicht Erträge, Aufwendungen und Kosten der Immobilien« im Kapitel »Übersicht der einzelnen Immobilien (Objektdatenblätter)« nutzen.

3.2.2 Interesse an Einkommenssteigerung

Sollen vermietete Immobilien übergeben werden, dann erwartet der neue Eigentümer eine Erhöhung seiner Einnahmen. Die zusätzlichen Erträge sind eine willkommene Ergänzung der eigenen Einnahmen, gegen die kaum jemand etwas einzuwenden hat.

Damit es keine bösen Überraschungen gibt, muss der Übernehmer sich aber einen Überblick verschaffen, welche **Aufwendungen durch den Immobilienbesitz** auf ihn zukommen. Die zusätzlichen Einnahmen erhöhen die Einkommensteuerbelastung. Ermitteln Sie, welche Zusatzbelastung Sie erwartet und planen Sie Geld für mögliche Steuernachzahlungen ein. Dabei unterstützt Sie unsere Arbeitshilfe »Objektdatenblatt – Finanzlage und Finanzbedarf« im Kapitel »Übersicht der einzelnen Immobilien (Objektdatenblätter)«.

Besonders bei **älteren Objekten** kommen auch Ausgaben für Instandhaltungen und Renovierungen auf den Eigentümer zu. Der Übergeber kann hier schon durch einen möglichst genauen Überblick anstehender Arbeiten helfen, Maßnahmen zu planen und die Finanzierung zu sichern.

Müssen **Rücklagen** für größere Instandsetzungsmaßnahmen gebildet werden, kann ein Teil der erwarteten Zusatzeinnahmen nicht frei verwendet werden. Sind noch große Arbeiten – wie zum Beispiel eine Neueindeckung des Daches – vorzunehmen, muss der Übernehmer möglicherweise sogar ein **Darlehen** zur Finanzierung aufnehmen. Hier müssen Sie sicherstellen, dass die Darlehensaufnahme auch möglich ist und das Darlehen aus den Mieteinnahmen bedient werden kann.

3.2.3 Möglicher Ausgleich für weitere Geschwister bzw. Management einer Eigentümergemeinschaft

Nicht immer ist die Übertragung einer Immobilie für den Beschenkten eine reine Freude. Häufig sind damit auch Ängste und Unsicherheiten verbunden, die der Übergeber zuerst einmal ausräumen muss.

Mit dem Eigentum an einer Immobilie sind für den Erwerber nicht nur Vorteile, sondern auch einige **Verpflichtungen** verbunden. Oft sollen bei der Übergabe auch Darlehen mit übergehen, die zur Finanzierung der Immobilie aufgenommen wurden. Damit tritt der Übernehmer in die **Darlehensverpflichtung** ein.

Kommt es zu Leerstand oder Mietausfällen, muss er aus anderen Einnahmequellen in der Lage sein, die übernommenen Darlehen weiterhin zu bedienen. Kann der Übernehmer das nicht, droht ihm bei Mietausfällen eine existenzielle Gefahr. Im Extremfall kann der Übernehmer durch einen Mietausfall in ein Insolvenzverfahren treiben.

Aber bereits kleinere Ereignisse können den Übernehmer in finanzielle Nöte führen. Besonders bei älteren Objekten stehen oft bereits Instandhaltungsmaßnahmen und Investitionen an, deren Finanzierung sichergestellt sein muss.

Damit keiner der Beteiligten später eine böse Überraschung erlebt, sollte vor der Übergabe eine Auflistung anstehender Investitionen und bestehender Risiken aufgestellt werden (siehe hierzu die Arbeitshilfe »Objektdatenblatt – Finanzlage und Finanzbedarf« im Kapitel »Übersicht der einzelnen Immobilien [Objektdatenblätter])«. Kann der Übernehmer diese Belastungen nicht schultern, prüfen Sie, ob der Übergeber einige Investitionen vorziehen kann und damit den Übernehmer entlastet.

Weitere Zahlungen können bei der Übernahme selbst anfallen, wenn der Übernehmer **Abfindungszahlungen** an Geschwister oder Miterben leisten muss, die ebenfalls Ansprüche haben und weniger Vermögen übertragen bekommen. Gibt es neben der übernommenen Immobilie keine Übertragung von Barvermögen bzw. fehlt dem neuen Eigentümer entsprechendes eigenes Vermögen, muss er ein Darlehen aufnehmen, um diesen Zahlungsverpflichtungen nachkommen zu können. Ist das der Fall, muss der Übernehmer über ausreichende Kreditwürdigkeit verfügen, damit ein Darlehen überhaupt möglich wird. Besonders, wenn sich Kinder noch in der Ausbildung befinden oder gerade eine Existenz aufbauen, ist das nicht immer der Fall. Hier wird die Übertragung der Immobilie unter Umständen unmöglich.

Probleme können sich auch aus nicht finanziellen Gründen ergeben. Gibt es **mehrere Interessenten für eine Immobilie,** fällt die Einigung oft schwer. Um keinen Streit zu provozieren, fällt vielen Eltern und Übergebern als Erstes die Möglichkeit einer Übertragung auf mehrere Kinder zu gleichen Teilen ein. Damit ist oft das Problem aber eher vergrößert als gelöst. Mit der Übertragung auf mehrere Eigentümer entsteht eine **Eigentümergemeinschaft,** die zunächst einmal aneinander gebunden ist. Das bedeutet: Die neuen Eigentümer müssen sich darüber einigen, wie die Immobilie künftig verwaltet wird. Zahlreiche Entscheidungen müssen einstimmig getroffen werden und zu guter Letzt ist auch noch die gemeinsame Abgabe einer Steuererklärung zur gesonderten und einheitlichen Feststellung der Einkünfte aus Vermietung und Verpachtung vorgeschrieben.

Mit der Übertragung auf mehrere Eigentümer zwingt der Übergeber seine Nachfolger dazu, Einigkeit herbeizuführen und engen Kontakt zu halten, damit eine sinnvolle Immobilienverwaltung möglich ist.

Gibt es bereits ausgeprägte Unstimmigkeiten im Kreis der zukünftigen Miteigentümer, sollte in jedem Fall eine andere Lösung gesucht werden. Im Idealfall können solche Unstimmigkeiten bereits im Vorfeld einer Übertragung aufgedeckt und bereinigt werden.

Wird schon in den Vorgesprächen eine Einigung erreicht, wie die spätere Verwaltung abgewickelt wird, kann auch eine Eigentümergemeinschaft ohne große Auseinandersetzungen und Probleme über viele Jahre erfolgreich eine oder mehrere Immobilien verwalten. Fehlende Einigkeit unter den Erben kann sogar die Auflösung der Eigentümergemeinschaft durch Auflösungsversteigerung der Immobilie auf Antrag eines Gesellschafters auslösen.

3.3 Mieter/Nutzer

Mieter und Nutzer von Immobilien haben oft eine starke Bindung an das Objekt, in dem sie schon seit vielen Jahren leben oder ihr Geschäft betreiben. Ein Eigentümerwechsel ruft darum nur zu verständliche Ängste hervor, dass sich die Grundlage der Existenz oder der Lebensmittelpunkt massiv verändern könnte.

Was geschieht, wenn der neue Eigentümer selbst einziehen oder die Immobilie so grundlegend umgestalten und modernisieren möchte, dass eine Fortsetzung des Mietvertrages nicht mehr sinnvoll oder zu teuer ist?

3.3.1 Fortsetzung der Miete

Durch einen Eigentümerwechsel verändert sich für den Mieter zunächst einmal nichts. Der neue Eigentümer tritt als Vertragspartner in den bestehenden Mietvertrag ein und ist auch an die getroffenen Vereinbarungen gebunden. Schließt der Mietvertrag also eine Kündigung für eine bestimmte Zeit aus, dann gilt das auch weiterhin.

Dennoch kann die Veränderung für langjährige Mieter Anlass zur Sorge sein, wenn eine persönliche Beziehung zwischen Mieter und

Vermieter bestand. Immerhin ist nicht sicher, dass zum deutlich jüngeren Nachfolger ein ähnliches Vertrauensverhältnis entsteht. Treten dazu noch Ängste auf den Plan, der neue Eigner könnte durch aufwendige Sanierungen oder Veränderungen Anlass für starke Mieterhöhungen schaffen, sind mögliche Bedenken und Ängste eines Mieters nachvollziehbar. Möchten Sie hier Irritationen vermeiden, helfen einige **Informationen vor der Übertragung,** die dem Mieter die **Unsicherheit nehmen.**

Niemand erwartet, dass Sie Ihren Mietern Details Ihrer Pläne mitteilen. Hilfreich kann jedoch die Versicherung sein, dass der neue Eigentümer keine grundlegenden Veränderungen an der Immobilie plant.

3.3.2 Interesse des Mieters an einem Immobilienkauf

Zu größeren Schwierigkeiten kann es führen, wenn der Mieter gehofft hat, die Immobilie vom bisherigen Eigentümer kaufen zu können. Nach einer Übergabe auf die nächste Generation muss der Mieter damit rechnen, dass der neue Eigentümer zunächst kein Verkaufsinteresse mehr hat. War es also der Wunsch des Mieters, ein Eigenheim zu besitzen, ist mit der Übertragung klar, dass er diesen Traum in dem übertragenen Objekt wahrscheinlich nicht realisieren kann.

Diese Erkenntnis kann für Mieter und Vermieter zu unangenehmen Veränderungen der Situation führen. Geht der Mieter andere Wege und verwirklicht seinen Wunsch, im Eigentum zu leben, kündigt er den Mietvertrag: Dann droht dem neuen Eigentümer ein längerer Leerstand, falls er nicht kurzfristig einen neuen Mieter findet. Das kann für den Eigentümer erhebliche finanzielle Einbußen bedeuten.

Werden die Interessen des Mieters völlig außer Acht gelassen, kann das also auch die erfolgreiche Weitergabe gefährden.

4 So gehen Sie bei der Übergabe vor

Soll ein Teil des Immobilienvermögens übertragen werden, ist diese Entscheidung mit weitreichenden Konsequenzen und hohem Aufwand verbunden. Korrekturen lassen sich im Nachhinein nur noch sehr schwer vornehmen. Eine gründliche Vorbereitung ist darum unerlässlich.

Beginnen Sie damit, sich einen konkreten **Überblick** zu verschaffen, welche Vermögensteile vorhanden sind und welche davon für Dispositionen infrage kommen. Es geht darum, die Fakten zusammenzutragen.

4.1 Übersicht der einzelnen Immobilien (Objektdatenblätter)

Beginnen Sie damit, sich einen Überblick für jedes einzelne Objekt zu verschaffen. Einen großen Teil der Informationen finden Sie bereits in der letzten Steuererklärung. Erstellen Sie zuerst für jedes einzelne Objekt eine Übersicht der wesentlichen Daten.

Objektdatenblatt – Finanzlage und Finanzbedarf

Objektdatenblatt

Adresse

________________ Straße, Hausnummer

________________ Postleitzahl, Ort

Objektart

☐ EFH ☐ ETW ☐ MFH ☐ Gewerbe ☐ Grundstück

Kaufpreis / Anschaffungs- oder Herstellungskosten

________________ €

Anschaffungsjahr

____

Jahres-AfA

________________ € p.a. bis Jahr ________________

Nutzung

________________ % Eigennutzung ________________ % Fremdnutzung

Finanzierung

Darlehen	1	2	3
Nr.			
Bank			
akt.Saldo			
Zinsbelastung			
Tilgung			
Zinsbindung			
vorr. Restschuld			
Besicherung			

Grundbucheintragungen:

Unterabschnitt Abt. II:

Wohnrechte ________________

Nießbrauch ________________

Wegerechte ________________

Erbbaurecht ________________

Unterabschnitt Abt. III:

Hypotheken ________________

Grundschulden ________________

Objektdatenblatt

Erträge

Mieteinnahmen	€
Pacht	€
Erbbauzins	€

Aufwendungen / Werbungskosten

Grundsteuer	€
gezahlte Erbbauzinsen	€
Nebenkosten (wenn nicht umlegbar)	€
Hausverwaltung	€
Versicherungen	€
lfd. Instandhaltung	€
Hausgeld	€
sonstige Werbungskosten	€
Summe Werbungskosten	**€**
Instandhaltungsrücklage	€
Finanzergebnis	€
Steuerergebnis	€

letzte Renovierungen

	Jahr	geschätzt anstehend in	Aufwand	aus Instandhaltungs-rücklage finanzierbar	zukünftiger Finanzbedarf
Bad/Bäder			€	€	€
Heizung			€	€	€
Wasserleitungen			€	€	€
Elektro			€	€	€
Dacheindeckung			€	€	€
Fassade			€	€	€
Fenster			€	€	€
Fußböden			€	€	€
Wamwassererzeugung (Solar)			€	€	€
Summe zukünftiger Finanzbedarf			**€**	**€**	**€**

4.1.1 Welche Immobilien können bzw. sollen übertragen werden?

Kennen Sie die einzelnen Daten der Objekte, können Sie diese in einem **Gesamtüberblick** zusammentragen, der Ihnen eine erste Vorentscheidung erlaubt.

Fassen Sie dazu die wichtigsten Daten der Einzelobjekte noch einmal in einer **Darstellung aller Immobilien** zusammen, bei der die Einnahmen, Ausgaben und bestehenden Belastungen als Gesamtwerte erscheinen. Eine solche Übersicht kann Ihnen auch dabei helfen, die wirtschaftlichsten Objekte schnell zu erkennen oder zu entscheiden, ob eine Immobilie überhaupt weiter gehalten werden soll.

Die Übersicht könnte diese Punkte umfassen:

Übersicht Erträge, Aufwendungen und Kosten der Immobilien

Objektüberblick

selbst genutzt

Bezeichnung	Verbindlichkeiten	lfd. Kosten	erwartete Kosten
	€	€	€
	€	€	€
	€	€	€
	€	€	€

fremdgenutzt

Bezeichnung	Mietertrag	Verbindlichkeiten	lfd. Kosten	lfd. Finanzergebnis	erwartete Kosten	Steuerergebnis
	€	€	€	€	€	€
	€	€	€	€	€	€
	€	€	€	€	€	€
	€	€	€	€	€	€
	€	€	€	€	€	€
	€	€	€	€	€	€

Bei der Erfassung des **steuerlichen Ergebnisses** können Sie zunächst die steuerlichen Gewinne oder Verluste aus der Vergangenheit zugrunde legen. Diese Daten sind aus alten Steuererklärungen verfügbar und genügen oft für eine erste Vorentscheidung. Nur wenn für die nächsten Jahre mit großen Investitionen zu rechnen ist oder in der Vergangenheit außergewöhnlich hohe Werbungskosten das Ergebnis verzerrt haben, muss eine neue Steuerprognose schon zu diesem Zeitpunkt erstellt werden.

4.1.2 Wie viel benötigt der Senior für seinen Lebensunterhalt?

Damit der eigene Lebensstandard auch dann gehalten werden kann, wenn Teile der Immobilieneinkünfte wegfallen, steht am Anfang der Betrachtungen ein Überblick Ihrer laufenden Ausgaben. Dabei sollten direkt mit dem Immobilienbesitz verbundene Kosten noch nicht berücksichtigt sein. Aufwendungen wie Verwaltergebühren, Finanzierungszinsen, Steuerberatungskosten und ähnliche Ausgaben rechnen Sie direkt den jeweiligen Immobilien zu. Denn diese Ausgaben entfallen, wenn Sie sich von dem Objekt trennen. Nur die Aufwendungen, die **im Zusammenhang mit der selbst genutzten Wohnung** stehen, gehören in diese Übersicht.

Ziehen Sie auch die Weitergabe der selbst genutzten Immobilie in Betracht, dann vergessen Sie nicht, Kosten für eine neue Unterkunft zu berücksichtigen.

Lebenshaltungskosten	**€/Monat**	**€/Jahr**
Wohnkosten (Miete, Hausgeld, Instandhaltungsrücklage)		
Grundsteuer		
Strom		
Gas		
Wasser		
Telefon, Handy		
Benzin		
Rundfunk/TV		
Abonnements		
Mitgliedsbeiträge		
Kfz-Steuern		
Kfz-Versicherung		
Zins und Tilgung für Darlehen		
Hausratversicherung		
Privathaftpflichtversicherung		

Lebenshaltungskosten	**€/Monat**	**€/Jahr**
Rechtsschutzversicherung		
Kapitalbildende Lebensversicherung		
Risikolebensversicherung		
Rentenversicherung		
Unfallversicherung		
Krankenversicherung inkl. Pflegeversicherung		
Sonstige Versicherungen		
Altersvorsorge		
Einkommensteuer		
Ernährung		
Bekleidung		
Unterhalt o.Ä.		
Urlaub		
Hobbys, Freizeitgestaltung		
Rücklagen für größere Anschaffungen (Auto, Möbel etc.)		
Sonstige Ausgaben		
Finanzbedarf insgesamt		

Kennen Sie nun die Summe, die Sie jeden Monat benötigen, können Sie davon die Einkünfte abziehen, die unabhängig von den Mieteinnahmen aus Immobilien anfallen, also z.B. Einkünfte aus selbstständiger oder nichtselbstständiger Arbeit, Kapitaleinkünfte oder Renten- bzw. Pensionszahlungen.

Stellen Sie auch diese Einnahmen zunächst zusammen. Berücksichtigen Sie dabei bitte nur solche Einkünfte, die auch für den Lebensunterhalt verwendet werden sollen. Unterhalten Sie zum Beispiel Konten oder Beteiligungen, bei denen die Zinsen jährlich thesauriert werden, stehen diese Einnahmen nicht für die Begleichung der Lebenshaltungskosten zur Verfügung.

Laufende Einnahmen (ohne Mieteinkünfte)	**€/Monat**	**€/Jahr**
Einkommen aus nichtselbstständiger, selbstständiger oder gewerblicher Tätigkeit		
Kapitaleinkünfte		
Renten oder Pensionen		
Kindergeld		
Einnahmen aus betrieblicher Altersversorgung		
Unterhaltsleistungen		
Sonstige Einnahmen		
Summe der Einnahmen		

Mit diesen Übersichten können Sie schnell erkennen, wie viel Einkommen Sie aus Ihrem Immobilienvermögen in Zukunft noch benötigen, um alle Kosten decken zu können.

Bedarfsermittlung		**€/Monat**	**€/Jahr**
	Summe der Ausgaben		
./.	Summe der Einnahmen		
=	**Kapitalbedarf aus Immobilieneinkommen**		

In vielen Fällen wird sich herausstellen, dass der tägliche Bedarf bereits aus anderen Einnahmequellen gesichert ist. Ist das der Fall, können Sie alle Immobilien frei verwenden und auch ohne Vereinbarung von Gegenleistungen an Ihre Kinder weitergeben. Muss dagegen ein Teil Ihrer Ausgaben aus den Mieteinkünften gedeckt werden, müssen Sie ganz genau prüfen, welche Immobilien Sie nicht weitergeben können.

Bei **Selbstständigen,** deren Immobilien Teil der Altersversorgung waren, wird dagegen oft eine Lücke verbleiben, die durch Einnahmen aus den Immobilien gedeckt werden muss. Mithilfe der Übersicht der Immobilien können Sie nun entscheiden, welche Einnahmen Ihnen noch verbleiben müssen, um den eigenen Lebensstandard zu halten. Nur der Teil des Immobilienvermögens, der nicht zur Einnahmesicherung erforderlich ist, kann ohne Gegenleistungen weitergegeben werden.

4.1.3 Wie sieht die künftige Wohnsituation des Seniors aus?

Soll auch das bisher selbst genutzte Eigenheim übertragen werden, müssen Sie noch eine Entscheidung treffen, wie Sie in Zukunft wohnen möchten. Wollen Sie weiterhin in der bisherigen Wohnung bleiben, gibt es verschiedene Optionen, diesen Wunsch zu realisieren, auch wenn Sie nicht mehr Eigentümer sind.

Am häufigsten wird dazu bei der Übertragung ein **Wohnrecht** vereinbart. Damit sichern Sie sich das Recht, die Immobilie auch in Zukunft unentgeltlich zu bewohnen. Nur das Eigentum geht bei einer Übertragung über, der neue Eigentümer hat aber keine rechtliche Möglichkeit, Sie zu einem Auszug zu zwingen.

Noch weiter gehende Rechte behalten Sie sich mit einem **Nießbrauchsrecht** vor. Hier stehen Ihnen auch die Nutzungsrechte durch Vermietung weiter zu. Würden Sie selbst die Wohnung aufgeben, hätten Sie (weiterhin) das Recht, zu vermieten und die Mieteinnahmen einzunehmen. So könnten Sie aus den Mieterträgen die Kosten einer anderweitigen Unterkunft bestreiten.

Es besteht aber auch die Möglichkeit, die Immobilie zunächst vollständig zu übertragen und anschließend von den eigenen Kindern **vergünstigt zu mieten.** Auch dieser Weg bietet einige Vorzüge, auf die wir später noch einmal eingehen wollen. Mehr dazu finden Sie im Kapitel »Verbilligte Vermietung an die Eltern«.

4.1.4 Hindernisse für die Immobilienübergabe

Nach dem Überblick über die wirtschaftliche Lage der Objekte muss eine Betrachtung weiterer Bedingungen folgen.

Ist ein Objekt als **Sicherheit für andere Verbindlichkeiten** eingesetzt, kann das eine Übertragung erheblich erschweren. Möchten Sie Kinder und Nachfolger nicht mit der Haftung für andere Investitionen belasten, müssen Sie mit dem Darlehensgeber einen Austausch der Sicherheiten verhandeln. Das erfordert nicht nur Zeit, sondern verursacht auch Kosten für die Löschung von Grundbucheinträgen und die Bestellung neuer Sicherheiten. Möchten Sie das vermeiden, bleibt nur, diese Objekte zunächst nicht zu übergeben.

Es kommt aber auch häufig vor, dass noch **Grundschuldeinträge** vorhanden sind, obwohl die zugehörigen Darlehen schon lange getilgt sind. Dann bietet es sich an, vor der Übertragung die Löschungsbewilligung des Begünstigten zu beschaffen. So kann die Grundschuld bei der Eigentumsumschreibung gelöscht werden.

4.1.5 Besondere Hindernisse beim Eigenheim – Modernisierungspflichten

In den letzten Jahren gab es zahlreiche Regelungen für die energetische Modernisierung von Bestandsgebäuden. Bei vermieteten Immobilien waren zahlreiche energetische Sanierungen vorgeschrieben, die der bisherige Eigentümer vornehmen musste.

Wohnte der Eigentümer in einem Ein- oder Zweifamilienhaus schon im Jahr 2002 war er von verschiedenen Sanierungspflichten nicht betroffen. Mit dem Eigentumsübergang können Sie diese Regelung aber nicht mehr in Anspruch nehmen.

Für Erben oder Übernehmer von Gebäuden ist darum wichtig, die Verpflichtung zu kennen, die auf Sie zukommen. Hierfür müssen finanzielle Mittel verfügbar sein.

Mit dem Gebäudeenergiegesetz sollte die EU-Gebäuderichtlinie in deutsches Recht umgesetzt werden. So sollte der Energieverbrauch von Gebäuden reduziert werden. Zunächst einmal wurden die Anforderungen an die energetische Qualität von Neubauten erhöht. Das gewünschte Ziel der Energieeinsparung konnte aber nur mit Maßnahmen bei Neubauten nicht erreicht werden. Darum wurden zugleich Vorgaben für die Erneuerung von Gebäudeteilen festgehalten.

Konkret geht es um die Heizungsanlage und die Wärmedämmung des Gebäudes selbst.

Die Heizung

Das Gebäudeenergiegesetz legt fest, dass Heizkessel, die älter als 30 Jahre sind auszutauschen sind. Außerdem sind inzwischen Heizungsrohre, die durch ungeheizte Räume führen zu isolieren und Wohnräume mit einer individuellen Temperaturregelung durch ein Heizungsthermostat auszustatten. Darüber hinaus ist vorgeschrieben, dass die Heizungsanlagen eine automatische Steuerung besitzen, die zum Beispiel in Abhängigkeit von der Außentemperatur die Heizleistung nachts reduziert.

Von dieser Pflicht waren Einfamilienhäuser und Zweifamilienhäuser nicht betroffen, wenn der Eigentümer selbst schon im Jahr 2002 eine Wohnung darin bewohnte. Werden Sie neuer Eigentümer eines solchen Objektes, müssen Sie die Heizungsanlage modernisieren und an diese Anforderungen anpassen.

Die Wärmedämmung

Bei vielen alten Gebäuden findet ein großer Wärme und Energieverlust über das Dach statt. Diese Flächen sind häufig nicht isoliert und können daher große Mengen aufsteigender Wärme nach außen abgeben. Darum sieht das Gebäudeenergiegesetz eine Pflicht zur Isolierung der letzten Decke oder des Daches selber vor. Hat der bisherige Eigentümer diese Maßnahme noch nicht durchgeführt müssen Sie innerhalb von zwei Jahren diese Isolierungen vornehmen.

Die Modernisierungsfrist läuft mit dem Ende des zweiten Jahres nach Eigentumsübergang aus. 2022 übertragene Gebäude müssen also bis zum 31.12.2024 modernisiert sein. Ignorieren Sie die Verpflichtungen ist das eine Ordnungswidrigkeit, die mit einem Bußgeld geahndet werden kann.

4.2 Wer kann welche Immobilien übernehmen und was erwartet er sich?

Um mögliche Interessenkonflikte auch unter den Kindern als späteren Eigentümern zu vermeiden, ist es hilfreich, auch hier die persönlichen Interessen umfassend zu untersuchen.

Dazu gehört nicht nur eine kurze Analyse der wirtschaftlichen Rahmenbedingungen und Interessen, sondern auch die Frage, welche emotionalen Bindungen, Wünsche, Vorstellungen, aber auch Ängste im Zusammenhang mit einer Immobilienübernahme auftreten.

Die Entscheidung, wer eine Immobilie übernehmen soll, ist nicht leicht zu treffen. Eine Korrektur ist im Nachhinein nicht mehr ohne Weiteres möglich. Am leichtesten fällt die Entscheidung, wenn nur ein Kind als Nachfolger infrage kommt. Hier fallen zumindest mögliche Streitigkeiten zwischen den Kindern oder Probleme einer Abfindung von Geschwistern weg. Dennoch sollten sich alle Beteiligten darüber einig sein, dass das Kind sich die Immobilie auch als Eigentum wünscht.

4.2.1 Mehrere Kinder als Übernehmer

Häufig ist es der Wunsch der Eltern, allen Kindern bei der Weitergabe von Vermögen den gleichen Wert zukommen zu lassen. Da liegt der Gedanke nahe, bei Immobilien, die sich meist nicht gut aufteilen lassen, die Kinder zu gemeinsamen Eigentümern zu machen. Rechtlich ist der Vorgang einfach zu bewerkstelligen. Die Vermögensübertragung wird auf alle Kinder zu gleichen Teilen vorgenommen.

Damit entsteht eine **Eigentümergemeinschaft,** die gemeinsam alle Rechte und Pflichten aus dem Immobilienbesitz trägt. Weil die Gemeinschaft rechtlich als Gesellschaft bürgerlichen Rechts zu betrachten ist, sollte dieser Schritt gut überlegt sein. Denn alle Anteilseigner **haften für alle Verbindlichkeiten** der Gesellschaft unmittelbar mit ihrem gesamten Vermögen. Das kann besonders dann zu Streitigkeiten und Auseinandersetzungen führen, wenn das Vermögen der Kinder sehr unterschiedlich ist.

Eine solche Eigentümergemeinschaft ist nur dann zu empfehlen, wenn die Miteigentümer sich sehr gut verstehen, bereits vorher in einem engen Kontakt stehen und auch Meinungsverschiedenheiten sachlich und kompromissbereit austragen. Gab es bereits in der Vergangenheit Rivalitäten zwischen den Geschwistern, sollten Sie eine Weitergabe der Immobilien auf diesem Weg nicht in Erwägung ziehen.

4.2.2 Übergabe an eines der Kinder

Keine Konflikte in der Verwaltung der Immobilie kann es geben, wenn nur ein Kind Eigentümer des Objektes wird. Solange es nur ein Kind gibt, das die Immobilie übernehmen kann, ist diese Lösung naheliegend und unproblematisch.

Zu Schwierigkeiten kommt es aber oft, wenn mehrere Kinder als Anwärter infrage kommen. Ist nur eine Immobilie vorhanden, die weitergegeben werden kann, führt die Übergabe an ein Kind dazu, dass sich die Geschwister benachteiligt fühlen oder sogar **im Erbfall weitere Ansprüche geltend machen.** Unter Umständen haben die Geschwister Anspruch auf einen Ausgleich als **Pflichtteilsergänzungsanspruch,** und zwar dann, wenn nach einer Schenkung weniger Vermögen übrig bleibt, als der Pflichtteil ausmachen würde.

Solche Schwierigkeiten können Sie vermeiden, indem alle Kinder gemeinsam mit den Eltern einen Übergabevertrag schließen und darin auf die Durchsetzung solcher Ansprüche verzichten. Damit alle Geschwister einer solchen Einigung zustimmen, muss zuvor Einigkeit über die gewünschten Übertragungen erreicht werden. Hier können mehrere Wege zum Ziel führen.

Am wenigsten Probleme gibt es, wenn das Vermögen ausreicht, um alle Kinder mit ähnlichen Vermögenswerten zu bedenken. Weil es nicht immer ausreichend gleichwertige Immobilien gibt, um jedem Kind ein Objekt von gleichem Wert zuzuwenden, kommt oft auch ein **Barausgleich** zwischen den Kindern infrage. In diesem Fall stellt sich immer die Frage, wie eine solche Barabfindung finanziert werden kann.

Haben die Eltern ein ausreichend großes Vermögen, können sie den Kindern, die keine Immobilie übernehmen, einen Bargeldbetrag zuwenden und so eine materielle Gleichbehandlung herbeiführen.

Ist das elterliche Vermögen nicht ausreichend groß zur Finanzierung solcher Barzuwendungen, kann der Übergabevertrag auch eine Regelung enthalten, die das Kind, das die Immobilie übernimmt, zur Zahlung eines **Ausgleichs an die Geschwister** verpflichtet. Eine solche Vereinbarung ist wenig problematisch, wenn die Immobilie so viel Ertrag erwirtschaftet, dass die Zahlungen aus den Einnahmen bestritten werden können. Ist das nicht der Fall, dann muss die Zahlung aus dem Vermögen oder Einkommen des Kindes finanziert werden.

4.2.3 Erwartungen und Möglichkeiten der Kinder

Nicht immer möchte ein Kind auch die Immobilie übernehmen, die die Eltern übertragen wollen. Denn die Erwartungen der Kinder an eine Immobilie müssen nicht mit den Prognosen und Wünschen der Eltern übereinstimmen.

Erwarten die Kinder für die Zukunft **größere Erhaltungsaufwendungen,** sind sie von einer Übernahme der Immobilie möglicherweise alles andere als begeistert. Müssen die Ausgaben über Darlehen finanziert werden, muss das Kind über ausreichende **Kreditwürdigkeit** verfügen. Vor der Übertragung sollten Sie daher klären, ob durch die notwendige Finanzierung andere Pläne des übernehmenden Kindes eingeschränkt oder verhindert werden und der ausgewählte Übernehmer bereit ist, das **Finanzierungsrisiko** zu übernehmen.

Besonders wenn das bisherige Einkommen der Kinder nicht sehr hoch ist, fehlt es an finanziellen Mitteln zur Finanzierung anstehender Erhaltungs- und Instandhaltungsaufwendungen. Anstatt Geld in die neu erworbene Immobilie zu investieren, verfolgen die Kinder dann häufiger das Ziel, aus den Mieteinnahmen das eigene Einkommen zu erhöhen. Geht ein Kind mit diesem Ziel an die Übertragung, müssen Sie zuvor klären, ob diese Erwartungen überhaupt erfüllt werden können, ohne die notwendigen Investitionen zu vernachlässigen.

Je nach Lebenssituation können durch die zusätzlichen Einkünfte aus einer vermieteten Immobilie auch **finanzielle Nachteile** entstehen. Bezieht ein Kind während des Studiums noch BAföG-Leistungen, können diese wegfallen, weil mit den Mieteinnahmen eigenes Einkommen vorhanden ist und durch die Immobilie Vermögensfreigrenzen überschritten werden. Unter Umständen fällt auch die Möglichkeit einer preiswerten Krankenversicherung als Student oder der kostenfreien Familienversicherung in der gesetzlichen Krankenversicherung bei Eltern oder Ehepartner mit den anfallenden Mieteinnahmen weg. Diese Veränderungen erhöhen den Finanzbedarf des künftigen Eigentümers. Die folgenden Punkte helfen dem Übernehmer, sich Klarheit zu verschaffen:

- Der Empfänger bezieht BAföG-Leistungen (Vermögens- und Einkommensgrenzen).
- Der Empfänger ist in der gesetzlichen Krankenversicherung familienversichert: Einkommen von mehr als 455,– € monatlich (im Jahr 2020) führt zu eigener Versicherungspflicht.
- Die Grenze für die Anerkennung außergewöhnlicher Belastungen verschiebt sich durch zusätzliche Einkünfte aus Vermietung und Verpachtung.

4.2.4 Wie können die Kinder die Verwaltung stemmen?

Bei größeren vermieteten Immobilien ist die Verwaltung der Objekte mit viel Arbeit verbunden. Neben dem Zeiteinsatz ist auch einiges an Fachwissen über Mietrecht, Baurecht und einigen anderen Gebieten nötig. Eine unzureichende Verwaltung kann den Wert einer Immobilie nachhaltig reduzieren.

Wurde die **Verwaltung in der Vergangenheit allein vom Eigentümer** geleistet, kommen auf den neuen Besitzer vielfältige Aufgaben zu. Überlegen Sie bereits vor einer Übertragung, wie eine Einarbeitung in die Materie erfolgen kann oder ob die Kinder in Zukunft auf die Unterstützung durch einen **professionellen Verwalter** setzen möchten. Damit die Kinder nach der Übertragung nicht vor einer unüberschaubaren Menge an Problemen stehen, empfiehlt es sich, zumindest bis zur ersten Nebenkostenabrechnung und bei den ersten Mieterwechseln die **Unterstützung durch die Eltern** einzuplanen.

Lag die Verwaltung des Objektes bereits in der Vergangenheit in den Händen einer professionellen Hausverwaltung, ist der Eigentümerwechsel weniger problematisch. Der neue Eigentümer steht nicht alleine und muss sich nicht kurzfristig in die vielfältige Materie einarbeiten. Auch wenn die Immobilie an mehrere Kinder übergeht, erleichtert ein professionelles Immobilienmanagement den Übergang.

Die Kinder werden nicht nur von vielen Anforderungen an fachliche Fähigkeiten entlastet, sondern auch die Abstimmung zwischen den **Miteigentümern** ist weniger schwierig. Denn viele Entscheidungen der alltäglichen Immobilienverwaltung müssen nicht zwischen den Eigentümern abgestimmt, sondern können von einem Verwalter getroffen werden. Der Abstimmungsbedarf zwischen den Miteigentümern reduziert sich auf die Entlastung des Verwalters in der Eigentümerversammlung und einige wenige Entscheidungen, zum Beispiel über größere Investitionen.

Die Beauftragung eines Verwalters ist aber nicht zwingend erforderlich, wenn sich die Eigentümer einig sind und eine Regelung für die Abstimmung bei Entscheidungen finden.

Sonderfall minderjährige Kinder

Sollen Immobilien auf minderjährige Kinder übertragen werden, geht das nicht ohne Mitwirkung eines Dritten. Ein minderjähriges Kind kann die Annahme der Schenkung noch nicht selbst erklären, auch bei anderen Formen der Immobilienübertragung reicht die beschränkte Geschäftsfähigkeit eines Kindes nicht aus.

Üblicherweise fungieren in diesen Fällen die **Eltern als Vormund** des Kindes und können in seinem Namen die erforderlichen Erklärungen rechtlich wirksam abgeben. Treten die Eltern aber gleichzeitig als Schenker auf, müssten sie die eigenen Kinder in einem Rechtsgeschäft vertreten, in dem sie die Interessen der Kinder als Vertragspartner gegen die eigenen Interessen als zweiter Vertragspartner durchsetzen sollen.

Das führt besonders bei so komplexen Rechtsgeschäften wie der Übertragung von Immobilien zu Interessenkonflikten. Diese Konflikte will der Gesetzgeber vermeiden, indem bei bestimmten Rechtsgeschäften, die für ein Kind auch Verpflichtungen mit sich bringen, ein unabhängiger, vom Gericht bestellter **Ergänzungspfleger** anstelle der Eltern der Schenkung zustimmen muss. Die Schenkung einer Immobilie durch die Eltern ist für die Kinder nicht nur mit Vorteilen verbunden, sondern bringt zugleich einige Verpflichtungen mit sich. Angefangen bei der Verpflichtung zur Zahlung von Grundsteuer über die mögliche Finanzierung von Anliegerbeiträgen bis hin zu eventuellen Haftungsrisiken, die mit der Immobilie verbunden sind, übernehmen die Kinder bei einer Übertragung umfassende Verantwortung von den Eltern. Besonders wenn es im Interesse der Eltern liegt, aus dieser Verantwortung entlassen zu werden, wird ein Ergänzungspfleger genau prüfen, ob die Schenkung für die Kinder tatsächlich einen Vorteil mit sich bringt.

Diese Vorschriften erschweren zumindest einen Übertragungsvorgang. Ist der **Eigentumsübergang** erst einmal **vollzogen,** können die Eltern ihr Kind in der aktiven Verwaltung der Immobilie wieder selbst vertreten. Denn nach der erfolgten Übertragung ist der befürchtete Interessenkonflikt aufgelöst.

Allerdings haben die Eltern nicht die Möglichkeit, einige Jahre später als Vertreter der Kinder eine **Rückübertragung der Immobilie** zu veranlassen. Hier käme nur ein Verkauf des Objektes an die Eltern infrage, da eine Schenkung in jedem Fall für die Kinder einen Vermögensverlust bedeuten würde, zu dem das Vormundschaftsgericht seine Zustimmung verweigern müsste.

4.2.5 Den geeigneten Übernehmer auswählen

Sind die Rahmenbedingungen geprüft, können Sie nun entscheiden, wer als künftiger Eigner der Immobilien infrage kommt. Als Arbeitshilfe finden Sie unten noch einmal eine Checkliste, in der die wichtigsten Kriterien zusammengestellt sind.

Übernehmer auswählen	**ja**	**nein**	**Auswertung**
Interesse an Immobilienübernahme	[ ]	[ ]	bei »nein«: Alternativer Übernehmer notwendig, ggf. Verkauf in Betracht ziehen
Ausgleich für Geschwister möglich?	[ ]	[ ]	bei »nein«: Übergabeform prüfen, evtl. Besitzgemeinschaft
Eigentümergemeinschaft vorstellbar?	[ ]	[ ]	bei »nein«: Zwingend **ein** Kind für Übernahme auswählen oder Alternativen finden (Dauertestamentsvollstreckung, ggf. Stiftung)
Reicht Kapitalausstattung der Kinder aus, um Instandhaltung zu finanzieren?	[ ]	[ ]	bei »nein«: Abwarten, bis Kapital beim Kind vorhanden, oder Kapital mit übergeben
Kreditwürdigkeit der Kinder ausreichend für Modernisierungsdarlehen?	[ ]	[ ]	bei »nein«: Übergabe funktioniert nicht
Bestehen Nachteile durch zusätzliche Vermietungseinkünfte?	[ ]	[ ]	bei »ja«: Übergabe verschieben, bis Hindernisse beseitigt sind
Fachkenntnisse für Verwaltung vorhanden?	[ ]	[ ]	bei »nein«: Unterstützung beschaffen, ggf. teilweise Übertragung und Einarbeitung durch die Eltern oder Aufschieben der Übertragung

4.3 Erwartungen der Eltern

Möchten Sie zwar Immobilien weitergeben, sich den Einfluss aber nicht vollständig aus der Hand nehmen lassen, können Sie in einem Übergabevertrag zahlreiche **Beschränkungen für die künftigen Eigentümer** vereinbaren.

Soll das Objekt beispielsweise in der Familie verbleiben, vereinbaren viele Eltern bei der Übertragung, dass ein **Verkauf** durch die Kinder vertraglich ausgeschlossen wird. Eine andere Alternative ist, einen Verkauf nur an Geschwister oder Familienmitglieder zu gestatten. Auch ein Vorkaufsrecht für die Eltern kann hier vertraglich vereinbart werden.

4.3.1 Weitere Nutzung durch die Eltern

Möchten die Eltern selbst ein Objekt weiterhin nutzen, wird in der Regel ein **Wohnrecht** im Übergabevertrag vereinbart, das auch im Grundbuch entsprechend eingetragen wird. Dieses Recht überdauert auch einen Verkauf, sodass die Nutzung auch dann noch gesichert wäre, wenn die Immobilie verkauft werden sollte. In der Praxis führt ein solcher Grundbucheintrag allerdings dazu, dass ein Verkauf durch den neuen Eigentümer faktisch unmöglich wird. Denn mithilfe des Wohnrechts sind die Berechtigten in der Lage, den Käufer an der Nutzung seiner neu erworbenen Immobilie zu hindern, indem sie weiterhin von ihrem Wohnrecht Gebrauch machen.

Noch weiter gehende Beschränkungen können durch ein **Nießbrauchsrecht** vereinbart werden. Dieses Recht sichert dem Berechtigten nicht nur die Möglichkeit, die Immobilie zu nutzen, sondern auch das Recht, die Erträge aus dem Objekt einzunehmen. Auch ein Nießbrauch wird im Grundbuch entsprechend als Dienstbarkeit eingetragen und überdauert einen Verkauf. Für die Eltern wird ein Nießbrauchsrecht dann besonders interessant, wenn das Objekt zwar vorzeitig übergeben werden soll, die Eltern es aber zunächst noch weiter nutzen wollen.

Für den Fall, dass die Nießbrauchsberechtigten das Objekt zu einem späteren Zeitpunkt nicht mehr selber nutzen können, weil sie zum Beispiel in ein Pflegeheim umziehen müssen, stehen ihnen im Rahmen des Nießbrauchsrechts die Mieteinnahmen zu, sodass damit etwa die Pflegekosten gedeckt werden könnten.

4.3.2 Beschränkungen nach der Übertragung

Neben diesen gängigen Beschränkungen des künftigen Eigentümers können noch zahlreiche weitere Bedingungen in einem Übergabevertrag festgehalten werden. Soll eine Immobilie zum Beispiel auf den Ehepartner übergehen, werden häufig Klauseln vereinbart, die festlegen, dass bei einer **Trennung der Eheleute** das Objekt an den ursprünglichen Eigentümer zurückfällt.

Welche derartigen Beschränkungen und Vereinbarungen Sie in einem Übergabevertrag festhalten wollen, ist Ihnen zunächst völlig freigestellt. Prüfen Sie darum vor einer Übertragung noch einmal genau, welche Punkte Ihnen besonders wichtig sind und was nach Ihrem Willen auf keinen Fall mit Ihrer Immobilie geschehen soll. Ist der Empfänger bereit, Ihre Wünsche zu respektieren, können Sie diese in der Regel durch entsprechende vertragliche Vereinbarungen fest fixieren. Bei der entsprechenden Ausformulierung berät Sie gerne Ihr Notar, der bei der Übertragung von Immobilien zur Beurkundung des Schenkungsvertrages auch von Gesetzes wegen hinzugezogen werden muss.

Im Fall von **Betriebsimmobilien** ist eine Verfügungsbeschränkung in der Praxis am häufigsten anzutreffen. Besonders, wenn eine Betriebsimmobilie der Eltern vorzeitig weitergegeben werden soll, muss sichergestellt sein, dass das Objekt auch nach der Übertragung **für die betrieblichen Zwecke** des früheren Eigentümers **zur Verfügung steht.** Hier können entweder Verpflichtungen zur Vermietung im Übergabevertrag festgehalten oder mit Kondition durch langfristige Mietverträge gesichert werden. Es besteht aber darüber hinaus auch die Möglichkeit, einen Verkauf so lange im Übergabevertrag auszuschließen, wie das Objekt dem früheren Eigentümer zur beruflichen Nutzung dienen muss oder soll.

4.3.3 Nicht zu viele Einschränkungen vereinbaren

Zu starke Verfügungsbeschränkungen können aber das Interesse des künftigen Immobilieneigentümers an einer Übernahme sehr negativ beeinflussen. Bedenken Sie, dass auch die Kinder eigene Zukunftspläne haben und verwirklichen möchten. Da passen langfristige vertragliche Verpflichtungen, den Unterhalt für eine Immobilie aufzubringen oder eine Immobilie selbst zu nutzen und sich damit an einen Wohnort zu binden, nur selten zu den Vorstellungen, wie die eigene Zukunft gestaltet werden kann.

Gibt es dennoch den Wunsch, eine bestimmte Verwendung der Immobilie zu verhindern, nehmen Sie sich unbedingt die Zeit, dies ausführlich vorab zu besprechen und im Idealfall den Kindern zu erläutern, warum eine bestimmte Nutzung oder Verwendung für sie ausgeschlossen sein sollte. Bei der vertraglichen Gestaltung solcher Verpflichtungen sollten Sie darüber hinaus bedenken, dass sich Lebenssituationen jederzeit ändern können, und für diesen Fall die Möglichkeit zu einer einvernehmlichen Aufhebung von Bindungsklauseln in den Vertrag aufnehmen.

4.3.4 Entscheidungsfindung

Haben auch die Eltern ihre Vorstellungen konkretisiert, kann die abschließende Entscheidung getroffen werden, wie eine Übertragung erfolgen soll. Auch hier haben wir die wichtigsten Punkte noch einmal in einer Checkliste für Sie zusammengefasst.

Übergabebereitschaft	ja	nein	Auswertung
Einnahmen der Eltern sind auch ohne Mietertrag gesichert	[ ]	[ ]	bei »nein«: Nießbrauchsrecht prüfen
Immobilie wird als Wohnraum benötigt	[ ]	[ ]	bei »ja«: Wohnrechtsvorbehalt prüfen
Immobilie wird für Gewerbe/ Selbstständigkeit benötigt	[ ]	[ ]	bei »ja«: Übertragungsmöglichkeiten genau prüfen, Steuerberater hinzuziehen
Einflussnahme auf Immobilienverwendung nach Übernahme gewünscht	[ ]	[ ]	bei »ja«: Nießbrauch prüfen oder zunächst gemeinsames Eigentum mit Kind, also anteilige Übertragung

5 Steuerliche Aspekte der Immobilienübertragung

Bei allen Wünschen, die Verhältnisse nach den eigenen Plänen und Träumen zu gestalten, sollten steuerliche Aspekte nicht außer Acht gelassen werden. Auch eventuelle rechtliche Folgewirkungen müssen vor einer Übertragung genau geprüft werden.

Im Hinblick auf die Steuer sind vor allem die Einkommensteuer und die Erbschaftsteuer zu beachten. Bei der Einschätzung der steuerlichen Behandlung sind grundsätzlich folgende Punkte zu prüfen:

- die Nutzung der Immobilie nach der Übertragung;
- Gegenleistungen, die der bisherige Eigentümer für die Übertragung erhalten hat;
- die bisherige Nutzung der Immobilie.

5.1 Einkommensteuer bei unentgeltlicher Übertragung

5.1.1 Selbst genutzte Immobilien

Wird eine bisher im Privatvermögen gehaltene und privat genutzte Immobilie übertragen, hat das für den bisherigen Eigentümer keine Folgen bei der Einkommensteuer. Auch der Besitz der Immobilie war bisher dem Bereich der privaten Lebensführung zugeordnet und für die Steuerfestsetzung ohne Bedeutung. Ebenso ist es mit einer **Übertragung.** Dies gilt auch dann, wenn die Immobilie nicht verschenkt, sondern **verkauft** wird. Bedingung: Im Jahr des Verkaufs und in den beiden vorangegangenen Jahren wurde die Immobilie vom bisherigen Verkäufer zu eigenen Wohnzwecken genutzt.

Nutzt auch der neue Eigentümer das Objekt lediglich zu privaten Wohnzwecken, wird bei ihm ebenfalls keinerlei Einkommensteuer fällig. Eine weitere steuerliche Betrachtung erübrigt sich hier.

5.1.2 Vermietete Immobilien

Wird dagegen eine vermietete Immobilie übertragen, sind auch bei der Einkommensteuer umfangreiche und komplexe Bedingungen einzuhalten, damit sich für Eltern und Kinder keine bösen Überraschungen durch hohe Steuernachzahlungen ergeben.

Der **neue Eigentümer** tritt zuerst einmal in die alte Rechtsstellung des Schenkers ein. Das bedeutet: Er wird auch neuer Vertragspartner der Mieter, wodurch er alle Verpflichtungen übernimmt, die von den Eltern begründet wurden. Ebenso erwirbt er aber auch den Anspruch auf die Mietzahlungen. Hat der neue Eigentümer noch keine Erfahrung mit der Immobilienvermietung, sollte er sich schon im Vorfeld der Übertragung mit diesem Thema beschäftigen. Die wesentlichen Eckdaten haben wir im Folgenden noch einmal für Sie zusammengefasst:

So versteuern Sie die Mieteinkünfte

Die Mieteinnahmen sind als Einkünfte aus Vermietung und Verpachtung steuerpflichtig und müssen jährlich in der Einkommensteuererklärung deklariert werden. Die Einkünfte ermitteln Sie als Überschuss der Einnahmen über die Werbungskosten. Neben den Werbungskosten mindern auch die Abschreibungen für den Wertverzehr der Immobilie Ihre Einkünfte.

Wie das konkret funktioniert, erfahren Sie in den nächsten Kapiteln.

Mieteinnahmen

Nicht nur die monatliche Überweisung der Kaltmiete durch den Mieter wird zu den Mieteinnahmen gerechnet. Auch zahlreiche weitere Einnahmen sind als Mieteinnahmen zu versteuern, wenn als Gegenleistung dafür eine Überlassung der Räume erfolgt.

» Ihre Immobilie ist schon älter und der Mieter möchte vor seinem Einzug ein neues Bad installieren. Er ist bereit, die Kosten zu tragen, wenn er im Gegenzug für die nächsten Jahre seine Investition mit der monatlichen Miete verrechnen kann. Die Investition des Mieters ist hier wie eine Mietvorauszahlung für die nächsten Jahre zu betrachten und muss als Mieteinnahme versteuert werden. Sie haben aber die Möglichkeit, die Einnahme auf die Jahre zu verteilen, für die Sie mit dem Mieter eine reduzierte Miete vereinbart haben.

Die **Betriebskostenvorauszahlungen** Ihrer Mieter gehören auch zu den Einnahmen aus Vermietung und Verpachtung und müssen streng genommen in der Steuererklärung als Einnahmen aus Vermietung und Verpachtung angegeben werden. Weil die Zahlung aber in der Praxis beim Vermieter nur verbucht und in gleicher Höhe an Versorger und Dienstleister weitergeleitet wird, beanstanden die Finanzämter es im Normalfall nicht, wenn Sie als Mieteinnahmen nur die Kaltmiete ansetzen und die Betriebskostenvorauszahlungen und Betriebskostenzahlungen weglassen.

Werbungskosten

Von Ihren Einnahmen aus der Vermietung der Immobilie dürfen Sie die Kosten als Werbungskosten abziehen, die Ihnen entstehen, damit die Einnahmen erzielt werden können. Nicht zu den Werbungskosten gehören Aufwendungen für Anschaffungen, die über einen langen Zeitraum zu Einkünften führen, wie zum Beispiel die Anschaffung einer Einbauküche für die Mietwohnung. Solche Anschaffungskosten müssen **abgeschrieben** werden.

Direkt als Werbungskosten abziehen können Sie:

- Finanzierungskosten. Bei einer geerbten Immobilie können hier Kreditzinsen anfallen für die Abfindung von Miterben oder zur Finanzierung von Renovierungs- und Modernisierungsarbeiten,
- Renovierungskosten,

- Kosten für Mietersuche,
- sämtliche Nebenkosten.

Fallen die ersten Werbungskosten schon an, bevor Sie Mieteinnahmen erzielen, können Sie diese Aufwendungen trotzdem schon bei den Einkünften aus Vermietung und Verpachtung geltend machen, auch wenn im gleichen Jahr noch keine Mieteinkünfte geflossen sind.

Selbst wenn Sie vor der Vermietung einen längeren Zeitraum für die Renovierung benötigen, sind in dieser Zeit anfallende Kosten als Werbungskosten aus Vermietung und Verpachtung anzuerkennen. Es muss aber erkennbar sein, dass in absehbarer Zeit Mieteinnahmen anfallen werden.

Dabei kann es aber zu Nachfragen des Finanzamts kommen. Jetzt kommt es darauf an, die **Vermietungsabsicht** möglichst schlüssig zu belegen. Das kann durch eine Schilderung der Umbau- und Renovierungsmaßnahmen gelingen. Ebenso beweiskräftig sind Anzeigen zur Mietersuche oder ein Maklervertrag. Eine einzelne Anzeige zur Mietersuche genügte dem Bundesfinanzhof in der Vergangenheit nicht als Beweis nachhaltiger Vermietungsbemühungen. Außerdem wird Wert darauf gelegt, dass die **Renovierungsmaßnahmen zielstrebig und nachhaltig durchgeführt** werden. Ein Ehepaar hatte für die Renovierung eines baufälligen Objekts in Eigenleistung zehn Jahre benötigt und dazu die Anerkennung vorweggenommener Werbungskosten beantragt. Das Finanzgericht entschied, dass nach spätestens vier Jahren Renovierung die Vermietungsabsicht endete, und versagte den weiteren Abzug von Werbungskosten. Auch der Bundesfinanzhof schloss sich dieser Ansicht an (BFH-Urteil vom 13.1.2015, IX R 46/13, BFH/NV 2015 S. 668).

Abschreibungen

Die Anschaffungs- bzw. Herstellungskosten eines Gebäudes oder einer Wohnung sind nicht auf einmal als Werbungskosten abziehbar, sondern werden über viele Jahre verteilt. Sie können Jahr für Jahr jeweils nur einen Teil Ihrer Kosten in der Steuererklärung absetzen. Der jährlich abzugsfähige Teil der Anschaffungs- und Herstellungskosten heißt Abschreibung bzw. Absetzung für Abnutzung oder kurz **AfA.**

Sie können nur die Anschaffungs- und Herstellungskosten bei Gebäuden abschreiben, nicht bei Grundstücken.

Je nachdem, ob Ihr Grundbesitz in den alten oder neuen Bundesländern liegt, können die Abschreibungen unterschiedlich sein.

Normalerweise werden die Anschaffungs- oder Herstellungskosten abgeschrieben, die der Vermieter **selbst getragen** hat. **Für Erben gilt:** Obwohl Sie keine eigenen Anschaffungskosten haben, können Sie Abschreibungen vornehmen. Und so geht es: Als Rechtsnachfolger treten Sie in die Fußstapfen Ihres Rechtsvorgängers (z.B. Erblasser). Das bedeutet, Sie können die **vom Rechtsvorgänger begonnenen Abschreibungen fortsetzen** – und zwar so lange, wie Sie die Immobilie vermieten und noch nicht alle Anschaffungs- und Herstellungskosten abgeschrieben sind (§ 11d EStDV).

Dazu müssen Sie die **ursprünglichen Anschaffungskosten** kennen.

! Bei einer Erbschaft sollten Sie alte Steuererklärungen und andere Akten des Erblassers nicht voreilig entsorgen. Darin finden sich oft wichtige Informationen, die bei Ihrer Steuererklärung noch wichtig werden können.

Haben Sie dagegen eine Immobilie aus der Erbmasse durch Zahlung einer **Abfindung an Miterben** erworben, sind Ihnen eigene Anschaffungskosten zumindest für einen Teil der Immobilie angefallen.

Erwerben Sie eine Wohnung oder ein Haus unentgeltlich, haben Sie **keine eigenen Anschaffungskosten.** Das gilt zum Beispiel für die Erbschaft eines Alleinerben.

Abschreibung bei unentgeltlichem Erwerb

Wenn der Rechtsvorgänger linear abgeschrieben hat

Lineare Abschreibung bedeutet: Es gibt nur einen Abschreibungssatz für alle Kalenderjahre (§ 7 Abs. 4 EStG).

Bei Gebäuden, die nach dem 31.12.1924 fertiggestellt wurden, beträgt die lineare Abschreibung jährlich 2 % der Anschaffungs- und Herstellungskosten. Daraus ergibt sich eine Abschreibungsdauer von 50 Jahren.

Der Rechtsnachfolger schreibt jährlich 2 % der Anschaffungskosten des Rechtsvorgängers ab.

» Herr Einsam verstirbt am 30. Juni, er hinterlässt seinem Sohn ein vermietetes Einfamilienhaus, das er selbst vor 28 Jahren für umgerechnet 150.000,– € angeschafft hat (ohne Kosten für Grund und Boden). Das Gebäude wird linear mit 2 % abgeschrieben.

Auch für das **Todesjahr** beträgt die Abschreibung 2 % von 150.000,– €, also 3.000,– €, wobei der Abschreibungsbetrag zur Hälfte in die Steuererklärung des Vaters gehört. Die andere Hälfte kann der Sohn in seiner Steuererklärung als Werbungskosten geltend machen.

Ab dem folgenden Jahr schreibt der Sohn den vollen Jahresbetrag von 3.000,– € ab. Die Abschreibung endet 50 Jahre nach der Anschaffung des Gebäudes.

Wenn der Rechtsvorgänger degressiv abgeschrieben hat

Degressive Abschreibung bedeutet: Die Abschreibungssätze sind in den Anfangsjahren hoch und werden im Laufe der Zeit immer niedriger (§ 7 Abs. 5 EStG).

Bei der degressiven Abschreibung ist der Rechtsnachfolger an die für den Rechtsvorgänger geltenden Abschreibungssätze der degressiven Abschreibung gebunden. Übernimmt er also zum Beispiel das Haus im zehnten Jahr nach der Fertigstellung, dann gelten für ihn die gestaffelten Abschreibungssätze für das zehnte Jahr und die für folgende Jahre vorgesehenen Prozentsätze.

Die Höhe und die Dauer der degressiven Abschreibung hängen davon ab, wann für den Bau des Hauses der Bauantrag gestellt oder bei Kauf der Immobilie der Kaufvertrag abgeschlossen wurde.

So hoch ist die degressive Abschreibung bei Wohneigentum

Bauantrag/Kaufvertrag 1.1.1996 – 31.12.2003	**Bauantrag/Kaufvertrag 1.1.2004 – 31.12.2005**
8 Jahre × 5 % = 40 % anschließend 6 Jahre × 2,5 % = 15 % 36 Jahre × 1,25 % = 45 %	10 Jahre × 4 % = 40 % anschließend 8 Jahre × 2,5 % = 20 % 32 Jahre × 1,25 % = 40 %

» Frau Warnke hat 2019 ein Einfamilienhaus geerbt. Der Erblasser hatte es im Jahr 2003 gebaut, der Bauantrag wurde am 2.1.2002 gestellt. So wird das Haus abgeschrieben:

- 2003 bis 2010: 5 %
- 2011 bis 2016: 2,5 %
- ab 2017: 1,25 %

Hinweis: Die degressive Abschreibung wird beim unentgeltlichen Erwerb in Zukunft seltener werden. Grund: Diese Abschreibung gibt es **nicht** mehr, wenn Sie für Ihr Gebäude den **Bauantrag** nach dem **31.12.2005 eingereicht** beziehungsweise Ihren **Kaufvertrag** nach diesem Termin abgeschlossen haben.

5.2 Einkommensteuer bei teilentgeltlicher Übertragung (Gleichstellungsgeld)

Etwas komplizierter wird die steuerliche Behandlung, wenn die Immobilie nicht völlig unentgeltlich übertragen wurde, sondern der neue Eigentümer eine Gegenleistung für diese Übertragung erbracht hat. Die Gegenleistung muss nicht unbedingt in einer direkten Geldzahlung an den bisherigen Eigentümer bestehen, sondern kann auch in Form einer Ausgleichszahlung an andere Familienmitglieder erfolgen.

Entsprechen die Leistungen des neuen Eigentümers dem Verkehrswert, handelt es sich um einen **Verkauf** der Immobilie. Damit verbunden sind alle steuerlichen Folgen für den Veräußerer und auch den Käufer, die auch bei Verkauf oder Kauf mit einem fremden Dritten als Vertragspartner eintreten. Das bedeutet: Hat der bisherige Eigentümer die Immobilie weniger als zehn Jahre besessen und handelte es sich nicht um selbst genutztes Wohneigentum, ist der Verkauf nach § 23 EStG einkommensteuerpflichtig.

Ist die Gegenleistung aber geringer als der Verkehrswert der Immobilie, führt das nicht automatisch dazu, dass die Einkommensteuer außen vor bleibt. Vielmehr wird die Übertragung in zwei Bestandteile aufgeteilt: Für die Finanzverwaltung ist es so, als sei ein Teil der Immobilie verschenkt und der zweite Teil entgeltlich erworben, also verkauft worden.

5.2.1 Sonderfall gewerblicher Grundstückshandel

Für alle Beteiligten teuer und unangenehm kann es werden, wenn eine Immobilie nach der Übertragung kurzfristig verkauft werden muss. Nicht nur, dass der neue Eigentümer möglicherweise einen Verkauf unter dem tatsächlichen Wert akzeptieren muss, sondern auch die steuerlichen Rahmenbedingungen und Folgen können für den Verkäufer, aber auch den früheren Besitzer unangenehm werden.

Werden **mehr als drei Objekte innerhalb von fünf Jahren** verkauft, die der Verkäufer nicht länger als zehn Jahre besessen hat, so überschreitet das nach Ansicht der Finanzverwaltung den Bereich der privaten Vermögensverwaltung und stellt einen gewerblichen Handel mit Grundstücken und Immobilien dar. In der Folge sind die Erträge aus den Verkäufen nicht nur der Einkommensteuer, sondern auch der **Gewerbesteuer** zu unterwerfen.

Wird eine Immobilie übertragen, birgt das für alle Beteiligten bei der Prüfung, ob ein gewerblicher Grundstückshandel vorliegt, ein besonderes **Risiko.** Denn: Bei einer Schenkung oder teilentgeltlicher

Übertragung setzt der neue Eigentümer die Tätigkeit des Rechtsvorgängers fort. Auch dann, wenn er sein Grundstück verkauft, wird er bei der Prüfung, ob ein gewerblicher Grundstückshandel vorliegt, zusammen mit dem Rechtsvorgänger betrachtet.

Das bedeutet: Beim Verkauf einer geschenkten Immobilie kann auch dann ein gewerblicher Grundstückshandel vorliegen, wenn der Schenker innerhalb der letzten fünf Jahre vor dem Verkauf zwei andere Objekte veräußert hat. Konsequenz: Sowohl der Beschenkte als auch der Schenker werden so behandelt, als hätten sie selbst einen gewerblichen Grundstückshandel begründet. Auch der Schenker muss durch den Verkauf des Beschenkten mit einer zusätzlichen Steuerbelastung auf seine eigenen Immobilienverkäufe rechnen.

! Besteht die Gefahr, dass durch einen Verkauf einer Immobilie seitens des Beschenkten für Sie ein gewerblicher Grundstückshandel angenommen wird, vereinbaren Sie bereits im Übernahmevertrag, dass ein Verkauf innerhalb der nächsten Jahre ausgeschlossen wird. Alternativ können Sie auch vereinbaren, dass der Beschenkte dem Schenker einen eventuell entstehenden Steuerschaden ersetzt, wenn es durch den Verkauf der geschenkten Immobilie beim Schenker zu einem gewerblichen Grundstückshandel kommt.

» Der Vater hat im Jahr 01 vier Eigentumswohnungen gekauft. Im Jahr 03 verkaufte er drei der Wohnungen. Die vierte schenkt er seinem Sohn. Dieser verkauft die Wohnung im Jahr 04. Der Verkauf der Wohnung durch den Sohn als Rechtsnachfolger führt beim Vater zum Überschreiten der Drei-Objekt-Grenze. Damit wird ein gewerblicher Grundstückshandel angenommen. Konsequenz: Es fällt auf den Veräußerungsgewinn zusätzlich zur Einkommensteuer auch Gewerbesteuer an.

5.2.2 Nießbrauch zur Absicherung der Eltern

Möchten die Eltern auch weiterhin Einnahmen aus der Vermietung einer Immobilie erzielen und diese dennoch übertragen, bietet sich die Vereinbarung eines Nießbrauchsrechts zugunsten der Eltern an. Dabei werden die Kinder durch Schenkung zwar Eigentümer der Immobilie, das Nutzungsrecht verbleibt aber bei den Eltern. Diese Vorgehensweise kann nicht nur Einnahmen für die Eltern sichern, sondern auch einen Verkauf der Immobilie durch die Kinder verhindern, da der Käufer ebenfalls nur die mit Nutzungsrecht belastete Immobilie erwerben kann.

So erlaubt ein Nießbrauchsrecht den Eltern eine **weitreichende Einflussnahme,** obwohl die Immobilie weitergegeben wird. Die steuerliche Behandlung dieser Vereinbarung ist dabei besonders zu beachten, denn sowohl bei der Einkommensteuer als auch bei der Erbschaftsteuer sind einige Dinge zu berücksichtigen.

Der Vorbehaltsnießbrauch ist meist unentgeltlich

Beim Vorbehaltsnießbrauch überträgt der Eigentümer sein Haus oder seine Wohnung auf einen neuen Eigentümer. Den neuen Eigentümer nennen wir im Folgenden nur **Eigentümer.** Für den bisherigen Eigentümer wird ein Nießbrauch bestellt. Er ist also jetzt der **Nießbraucher** (BMF-Schreiben vom 30.9.2013, BStBl. 2013 I S. 1184 Tz. 39). Diese Gestaltung kommt häufig vor und wird meist als vorweggenommene Erbregelung gewählt.

In der Praxis ist es üblich, den Vorbehaltsnießbrauch unentgeltlich zu bestellen. **Unentgeltlich bedeutet:** Der ehemalige Eigentümer verlangt vom neuen Eigentümer keine Gegenleistung für die Übertragung des Grundbesitzes. Die Bestellung des Nießbrauchs ist hier keine Gegenleistung (BMF-Schreiben vom 30.9.2013, BStBl. 2013 I S. 1184 Tz. 40).

Nur in Ausnahmefällen wird der Vorbehaltsnießbrauch **entgeltlich** vereinbart. Das ist zum Beispiel dann sinnvoll, wenn das übertragene Haus älter als 40 oder 50 Jahre ist. Die Abschreibung ist dann bereits beendet. Bei einer entgeltlichen Übertragung hat der neue Eigentümer eigene Anschaffungskosten.

Die **Vorteile der entgeltlichen Übertragung** zeigen sich aber erst **nach Beendigung** des Nießbrauchs: Denn der Eigentümer kann erst dann bei **Vermietung** des Hauses die Abschreibung in Anspruch nehmen.

Nutzt der Eigentümer dagegen das Gebäude nach Beendigung des Nießbrauchs **selbst,** hat er durch eine entgeltliche Übertragung keinen Vorteil.

Solange der Vorbehaltsnießbrauch besteht, spielt die Unterscheidung entgeltlich/unentgeltlich aber keine Rolle.

Steuerliche Folgen beim Nießbraucher

Der Nießbraucher darf wegen seines umfassenden Nutzungsrechts den Grundbesitz **vermieten** (wenn diese Nutzungsart nicht durch Vertrag ausgeschlossen wurde). Er ist der Vermieter, nicht der Eigentümer. Die Einnahmen aus der Vermietung des Grundbesitzes stehen dem Nießbraucher zu. Er hat deshalb Einkünfte aus Vermietung und Verpachtung nach § 21 EStG. Bestehende Mietverträge müssen nicht geändert werden.

Seine Einnahmen aus der Vermietung muss der Nießbraucher versteuern – wie jeder andere Vermieter auch. Übrigens: Der Nießbraucher darf sogar an den neuen Eigentümer vermieten (BMF-Schreiben vom 30.9.2013, BStBl. 2013 I S. 1184 Tz. 41).

Wenn der Nießbraucher Aufwendungen im Zusammenhang mit der Vermietung hat, kann er diese als **Werbungskosten** geltend machen – wie jeder andere Vermieter auch. Dazu gehören zum Beispiel laufende Aufwendungen (z.B. Kreditzinsen, kleinere Reparaturaufwendungen) und Erhaltungsaufwand (BMF-Schreiben vom 30.9.2013, BStBl. 2013 I S. 1184 Tz. 43 ff.).

Wer während des Nießbrauchs die entstehenden Aufwendungen für den Grundbesitz trägt, können Nießbraucher und Eigentümer nach eigenen Wünschen festlegen. Sie können also zum Beispiel vereinbaren, dass der Eigentümer alle Kosten trägt **(Bruttonießbrauch).**

Das **Problem:** Beim Bruttonießbrauch hat der Nießbraucher **keine** Aufwendungen, die er als **Werbungskosten** geltend machen könnte. Er muss seine Einnahmen aus der Vermietung ohne Abzüge versteuern.

Ein weiteres Problem: Selbst wenn der Nießbraucher doch entgegen der Vereinbarung Aufwendungen trägt, die eigentlich der Eigentümer hätte übernehmen müssen, kann der Nießbraucher diese Aufwendungen nicht als Werbungskosten absetzen (BMF-Schreiben vom 30.9.2013, BStBl. 2013 I S. 1184 Tz. 21 f.).

! Deshalb ist es steuerlich für den Nießbraucher von **Vorteil,** dass er sich zur Übernahme der gesamten Lasten und Aufwendungen des Grundbesitzes verpflichtet **(Nettonießbrauch).** Dann kann er alle seine Kosten als Werbungskosten abziehen.

Wer einen Bruttonießbrauch vereinbart hat, aber nachträglich **zur gesetzlichen Verteilung der Nießbrauchslasten wechseln** möchte, kann dies mit steuerlicher Wirkung tun. Vorteil: Der Nießbraucher kann seine Aufwendungen dann als Werbungskosten ansetzen. Das gilt sogar für außergewöhnliche Aufwendungen, die eigentlich der Eigentümer tragen müsste (FG Köln vom 27.9.2006, 11 K 5823/04, EFG 2007 S. 582). Argument der Richter: In diesem Fall kann der Nießbraucher, dem die Einnahmen zufließen, auch die dazugehörigen Werbungskosten abziehen, und das ist auch so gewollt. Das Urteil ist rechtskräftig.

Anders als beim unentgeltlichen Zuwendungsnießbrauch darf der Vorbehaltsnießbraucher bei der Vermietung eines Gebäudes auch die **Absetzung für Abnutzung** geltend machen (AfA oder Abschreibung). Bemessungsgrundlage für die Abschreibung sind die ursprünglichen Anschaffungs- und Herstellungskosten des Gebäudes, die der Nießbraucher als ehemaliger Eigentümer getragen hat.

Ist der Grundbesitz **entgeltlich** übertragen worden, wird die Bemessungsgrundlage für die Gebäude-AfA übrigens nicht um die Gegenleistung des Eigentümers gekürzt (BMF-Schreiben vom 30.9.2013, BStBl. 2013 I S. 1184 Tz. 44).

!

Wenn die **AfA** für das übertragene Gebäude **bereits abgelaufen** ist, empfiehlt sich eine entgeltliche Übertragung. Der Vorteil für den **neuen Eigentümer:** Er hat in diesem Fall eigene Anschaffungskosten. Für diese kann er nach Beendigung des Nießbrauchs die AfA in Anspruch nehmen.

Allerdings: Nutzt der neue Eigentümer das Gebäude nach Beendigung des Nießbrauchs dagegen selbst, hat er **keinen steuerlichen Vorteil.**

Steuerliche Folgen beim Eigentümer

Wenn der Grundbesitz vermietet wird, stehen die Einnahmen aus der Vermietung des Grundbesitzes dem Nießbraucher und nicht dem Eigentümer zu. Deshalb hat der Eigentümer **keine Einkünfte** aus Vermietung und Verpachtung.

Folglich kann der Eigentümer natürlich auch **keine Kosten** steuerlich geltend machen. Das gilt auch, wenn er mit dem Nießbraucher vereinbart hat, dass er einen Teil der Lasten des Grundbesitzes trägt.

Die **ausbleibenden Vorteile** sind besonders ärgerlich, wenn sich der neue Eigentümer bei der Grundstücksübertragung dazu verpflichtet hat, alle anfallenden Aufwendungen zu tragen, oder wenn er für das mit dem Nießbrauch belastete Grundstück einen Kaufpreis gezahlt hat: Die Grundstücksaufwendungen muss er aus eigener Tasche bezahlen und den Kaufpreis kann er nicht abschreiben.

Grundsätzlich gilt: Erst wenn der **Nießbrauch tatsächlich beendet** ist, stehen die Einnahmen dem Eigentümer zu. Und erst dann kann er Werbungskosten geltend machen und zum Beispiel die **Gebäude-AfA** in Anspruch nehmen. Das **AfA-Volumen** ist um den Teil der

Anschaffungskosten des Eigentümers zu kürzen, die auf den Zeitraum zwischen der Anschaffung des Grundstücks und dem Ende des Nießbrauchs entfallen. Bei unentgeltlicher Grundstücksübertragung darf er die AfA des Rechtsvorgängers fortsetzen (BMF-Schreiben vom 30.9.2013, BStBl. 2013 I S. 1184 Tz. 47, 48; mehr hierzu lesen Sie im Kapitel »Was passiert nach dem Erlöschen des Nießbrauchs?«).

- Eine Abzugsmöglichkeit beim Eigentümer kann bei einem unbefristeten Nießbrauch nur dann bejaht werden, wenn er **in absehbarer Zeit Mieteinnahmen** erzielen wird. Dazu reicht es nicht aus, dass der Nießbraucher alt ist (BFH-Urteil vom 10.6.1998, IX B 47/98, BFH/NV 1998 S. 1346; BFH-Urteil vom 7.12.1982, VIII R 166/80, BStBl. 1983 II S. 660). In dem Urteil von 1998 waren die Nießbraucher 73 und 68 Jahre alt.

  Aber selbst eine schwere Erkrankung oder Pflegebedürftigkeit des Nießbrauchers ist kein Indiz für dessen absehbaren Tod und damit das Ende des Nießbrauchs. Deshalb **verneint** der Bundesfinanzhof den **Werbungskostenabzug** beim Eigentümer auch in folgendem Fall: Die Nießbraucherin kam nach einem schweren Unfall in das Krankenhaus. Dort starb sie nach zwei Monaten, noch bevor sie einen geplanten Sanatoriumsaufenthalt antrat. Bereits vor ihrem Tod ließ ihr Sohn als Eigentümer die Heizungsanlage reparieren (BFH-Urteil vom 25.2.1992, IX R 331/87, BFH/NV 1992 S. 591).

- **Keinen Werbungskostenabzug** gibt es auch in folgendem Fall: Es ging um das lebenslange Nießbrauchsrecht an einem Gebäude mit vermietetem Ladenlokal. Da die Nießbraucherin nicht liquide war, finanzierte der Eigentümer in erheblichem Umfang Renovierungsaufwendungen, die den Erhalt des Gebäudes sicherten und ohne die das Ladenlokal nicht vermietbar gewesen wäre. Im Gegenzug trat die Nießbraucherin einen Teil der Mieteinnahmen an den Eigentümer ab.

Der Bundesfinanzhof lehnte den Werbungskostenabzug beim Eigentümer ab (BFH-Urteil vom 14.11.2007, IX R 51/06). Grund: Nicht der Eigentümer ist Vermieter, sondern die Nießbraucherin. Und weil das Ende des Nießbrauchs nicht absehbar ist, hängen die Aufwendungen des Eigentümers auch nicht mit dessen künftiger Vermietertätigkeit zusammen.

- Anders sieht es aus, wenn die **Wohnrechtsinhaber** (z.B. die Eltern) aus Krankheitsgründen **aus dem Haus ausziehen,** um sich von einem anderen Kind pflegen zu lassen. In diesem Fall bekommt der Sohn als Eigentümer die Vermieterstellung. Denn das Wohnrecht geht auch ohne besondere Vereinbarung stillschweigend über (BFH-Urteil vom 6.9.2006, IX R 13/05, BFH/NV 2007 S. 406). In dem konkreten Fall ließ der Sohn nach dem Auszug der Eltern das Haus umfangreich sanieren und vermietete es später fremd. Die Sanierungskosten darf er **als Werbungskosten abziehen**, so der Bundesfinanzhof.

Wenn nur ein Teil des Grundbesitzes mit dem Nießbrauch belastet ist

Bei einem Bruchteilsnießbrauch hat der Eigentümer den Nießbrauch nur für einen Teil des Grundbesitzes bestellt. Ist der Grundbesitz **vermietet,** steht dem Nießbraucher deshalb auch nur ein **Teil der Einnahmen** aus der Vermietung zu. Den übrigen Teil erhält der Eigentümer. Er hat also in diesem Fall wie der Nießbraucher Einkünfte aus Vermietung und Verpachtung (BMF-Schreiben vom 30.9.2013, BStBl. 2013 I S. 1184 Tz. 25, 45).

Als Folge der Aufteilung der Einnahmen kann der Eigentümer auch nur einen **Teil der Aufwendungen** als Werbungskosten absetzen. Die Abschreibung für das Gebäude kann er nur für den Teil geltend machen, der nicht auf den mit dem Nießbrauch belasteten Eigentumsanteil entfällt. Folgen beim Nießbraucher: Er kann ebenfalls nur einen Teil der Kosten abziehen (BMF-Schreiben vom 30.9.2013, BStBl. 2013 I S. 1184 Tz. 25).

» Der Vater überträgt sein vermietetes Mehrfamilienhaus seinem Sohn. Er behält sich den Nießbrauch zu 70 % vor. Der Sohn erhält also als Eigentümer 30 % der Einnahmen, kann aber auch nur 30 % der Kosten absetzen. Dementsprechend erhält der Vater als Nießbraucher 70 % der Einnahmen und kann 70 % der Aufwendungen geltend machen.

Nicht möglich ist es, den **Nießbrauch nur an einem bestimmten Teil des Grundbesitzes** zu bestellen. Wenn Sie zum Beispiel bei einem Mehrfamilienhaus den Nießbrauch nur für eine bestimmte Wohnung vereinbaren wollen, geht das nicht. In diesem Fall müssen Sie ein Wohnrecht vereinbaren. **Ausnahme:** Es handelt sich um jeweils selbstständige Wohnungen, die separat im Grundbuch eingetragen sind.

Wenn nur ein Teil des Grundbesitzes mit einem Wohnrecht belastet ist

Oft soll sich das Nutzungsrecht nicht auf das gesamte Gebäude, sondern nur auf einzelne Wohnungen oder auf die bisher schon vom Nutzungsberechtigten selbst genutzte Wohnung beziehen. Dann wird zugunsten des ehemaligen Eigentümers ein **Wohnrecht** vereinbart. Der Rest des Hauses wird vom (neuen) Eigentümer vermietet. Soweit das Haus mit dem Wohnrecht belastet ist, erhält der (neue) Eigentümer keine Steuervorteile und Förderungen.

Bei einer **Vermietung** erzielt der neue Eigentümer – wie jeder andere Vermieter – Einnahmen aus Vermietung und Verpachtung. Er ist deshalb auch zum Abzug von Werbungskosten berechtigt. Allerdings werden alle Aufwendungen, die das gesamte Haus betreffen, um den Anteil gekürzt, der auf die mit dem Nutzungsrecht belasteten Räume entfällt. Das gilt insbesondere für die Reparaturkosten, aber auch für Schuldzinsen und die Abschreibungen. Wie die **Abschreibungen** berechnet werden, hat die Finanzverwaltung in ihrem Nießbraucherlass festgelegt (BMF-Schreiben vom 30.9.2013, BStBl. 2013 I S. 1184 Tz. 50). Diese Berechnung ist allerdings recht kompliziert, wie das folgende Beispiel zeigt.

» Der 67-jährige Rentner Rüstig besitzt ein Zweifamilienhaus mit einem Verkehrswert von 200.000,– € (inklusive 50.000,– € für den Grund und Boden). Beide Wohnungen sind gleich groß. Die Wohnung im Erdgeschoss nutzt Herr Rüstig selbst, die zweite Wohnung ist vermietet.

Er überträgt dieses Zweifamilienhaus im Jahr 2022 auf seinen Sohn und behält sich gleichzeitig das lebenslange Wohnrecht an der bisher schon von ihm selbst genutzten Wohnung im Erdgeschoss vor. So wird der **(gerundete) Wert des Wohnrechts** ermittelt:

344,– € (monatliche Marktmiete)	× 12 Monate	× 10,951 (Vervielfältiger aus Anlage zu § 14 Abs. 1 BewG)	= 45.206,– € (Wert des Wohnrechts)

Unter Berücksichtigung dieses Wohnrechts hat das Zweifamilienhaus einen Verkehrswert von 154.794,– € (= 200.000,– € ./. 45.206,– €). Rentner Rüstig überträgt das Haus an seinen Sohn mit der Auflage, dass der Sohn an seine Schwester 77.397,– € zahlt **(Gleichstellungsgeld).** Der Sohn hat das Haus dann – verglichen mit dem Verkehrswert – teilentgeltlich erworben, nämlich zur Hälfte entgeltlich und zur Hälfte unentgeltlich.

So werden die Anschaffungskosten für die lineare Abschreibung ermittelt:

Von dem Verkehrswert des Zweifamilienhauses (ohne Grund und Boden und ohne Berücksichtigung des Wohnrechts) in Höhe von 150.000,– € entfallen auf die wohnrechtsbelastete Wohnung 50 %,

also		75.000,– €
abzüglich Kapitalwert des Wohnrechts	./.	45.206,– €
= Verkehrswert der wohnrechtsbelasteten Wohnung		29.794,– €

Diese 29.794,– € entsprechen 28,43 % des Verkehrswertes des wohnrechtsbelasteten Zweifamilienhauses (ohne Grund und Boden):

$$\frac{29.794{,}\text{– €} \times 100\,\%}{150.000{,}\text{– € ./. } 45.206{,}\text{– €}} = 28{,}43\,\%$$

Jetzt müssen zunächst die tatsächlich gezahlten Anschaffungskosten in Höhe von 77.397,– € nach dem Verhältnis der Verkehrswerte auf den Grund und Boden einerseits und das Gebäude andererseits aufgeteilt werden. Der Verkehrswert des Grund und Bodens beträgt 50.000,– €. Das gesamte Gebäude (inkl. Grund und Boden) hat unter Berücksichtigung des Wohnrechts einen Verkehrswert von 200.000,– € ./. 45.206,– € = 154.794,– €. Gemessen an diesen 154.794,– € beträgt der Anteil des Grund und Bodens 32,301 % (= 50.000,– € : 154.794,– € × 100 %).

Jetzt können Sie die **Anschaffungskosten für die vermietete/ selbst genutzte Wohnung** wie folgt ermitteln:

tatsächlich gezahlte Anschaffungskosten		77.397,– €
./. Grund-und-Boden-Anteil 32,301 %	./.	25.000,– €
Anschaffungskosten des Zweifamilienhauses ohne Grund und Boden	=	52.397,– €
./. Anschaffungskosten für die wohnrechtsbelastete Wohnung (28,43 %)	./.	14.896,– €
Anschaffungskosten für die vermietete Wohnung (ohne Grund und Boden)	=	37.501,– €
davon lineare AfA 2 % (gerundet)		750,– €

Soweit der Sohn das Gebäude unentgeltlich erworben hat, kann er einen Teil der Abschreibung seines Vaters fortsetzen. Angenommen, der Vater hat **nur** für die vermietete Wohnung eine Abschreibung in Höhe von 1.250,– € in Anspruch genommen, dann kann der Sohn jetzt bei einem unentgeltlichen Erwerb in Höhe von 50 % die Hälfte davon, also 625,– €, zusätzlich abschreiben.

Hat der Eigentümer zur Finanzierung seiner Anschaffungskosten ein **Darlehen** aufgenommen, kann er auch einen Teil seiner **Schuldzinsen** als Werbungskosten absetzen.

» Der Sohn hat für das Gleichstellungsgeld an seine Schwester ein Darlehen aufgenommen. Die Schuldzinsen sind abzugsfähig entsprechend dem Anteil des Verkehrswertes des unbelasteten

Grundstücksteils (inkl. Grund und Boden) am Verkehrswert des gesamten Grundstücks vermindert um den Kapitalwert des Nutzungsrechts, also zu

$$\frac{100.000,- € \times 100\,\%}{200.000,- €\ ./.\ 45.206,- €} = 64,602\,\%$$

Ablösung des Vorbehaltsnießbrauchs: Was ist zu beachten?

Auch wenn sich die Vertragsparteien bei der Übertragung des Grundstücks darüber einig waren, dass der Vorbehaltsnießbraucher das Grundstück bis zu seinem Lebensende nutzen sollte, kann sich das Blatt im Nachhinein wenden. Mehrere Gründe sind denkbar, warum die Vertragsparteien den Nießbrauch löschen lassen wollen:

- Dem Eigentümer wird erst im Nachhinein klar, dass eventuelle Steuervorteile ausbleiben.
- Das Grundstück soll »unbelastet« verkauft werden.
- Die Eltern verlassen die aufgrund des Wohnrechts von ihnen genutzte Wohnung und verbringen den Lebensabend in einem Pflegeheim.

Die **Ablösezahlungen** sind nur dann steuerlich relevant, wenn der abgelöste Nießbrauch auch **tatsächlich ausgeübt** wurde. Wurde nach der Grundstücksübertragung ein Mietvertrag mit dem ehemaligen Eigentümer geschlossen und der Nießbrauch nur zur Absicherung dieses Mietvertrags vereinbart, wird der Nießbrauch tatsächlich nicht ausgeübt, sodass auch seine Ablösung steuerlich ohne Bedeutung ist.

Ablösezahlung in der Steuererklärung des Eigentümers

Wenn der Eigentümer dem Nießbraucher für den zukünftigen Verzicht auf das Wohn- oder Nießbrauchsrecht eine Ablösung zahlt, dann müssen Sie danach unterscheiden, ob Sie eine einmalige

Ablösezahlung oder regelmäßig wiederkehrende Zahlungen leisten wollen. Es kommt nicht darauf an, ob das mit dem Nutzungsrecht belastete Grundstück entgeltlich oder unentgeltlich übertragen wurde (BMF-Schreiben vom 30.9.2013, BStBl. 2013 I S. 1184 Tz. 55).

Wenn Sie einen Einmalbetrag zur Ablösung des Nießbrauchs zahlen

In diesem Fall handelt es sich um **Anschaffungskosten** (BMF-Schreiben vom 30.9.2013, BStBl. 2013 I S. 1184 Tz. 57, 59). Die Ablösezahlung erhöht damit die Bemessungsgrundlage für die Abschreibung bei Vermietung.

Dabei müssen Sie Folgendes beachten: Bei einem **Nießbrauch** wird die Ablösesumme genauso wie die ursprünglichen Anschaffungskosten auf Grund und Boden und Gebäude **aufgeteilt.** Bei einer Vermietung erhöht dann nur der Gebäudeanteil die Bemessungsgrundlage für die Abschreibung.

Bei einem **Wohnrecht** entfallen dagegen die Ablösezahlungen als nachträgliche Anschaffungskosten in vollem Umfang auf das Gebäude. Hier wird also **nicht aufgeteilt.**

Wenn Sie den Nießbrauch gegen regelmäßig wiederkehrende monatliche Zahlungen ablösen

Wollen Sie den Nießbrauch gegen monatliche Zahlungen ablösen, können Sie eine Rente oder eine dauernde Last vereinbaren.

Ablösezahlung in der Steuererklärung des Nießbrauchers

Die **Einmalzahlung** für den Verzicht auf das Wohnrecht oder den Nießbrauch muss nicht versteuert werden. Es handelt sich um eine »nicht steuerbare Vermögensumschichtung« (BMF-Schreiben vom 30.9.2013, BStBl. 2013 I S. 1184 Tz. 58, 60).

Hat der Nießbraucher und ehemalige Eigentümer sein Nutzungsrecht aber **gegen eine Versorgungsrente aufgegeben,** muss er die Rentenzahlungen als sonstige Einnahmen versteuern (BMF-Schreiben vom 30.9.2013, BStBl. 2013 I S. 1184 Tz. 57).

Wurde das Nutzungsrecht **gegen monatliche Zahlungen verkauft,** muss der ehemalige Nießbraucher den Zinsanteil oder Ertragsanteil versteuern (BMF-Schreiben vom 30.9.2013, BStBl. 2013 I S. 1184 Tz. 60).

Was passiert nach dem Erlöschen des Nießbrauchs?

Ist der Grundbesitz **vermietet,** kann der Eigentümer nach Beendigung des Nießbrauchs Aufwendungen für den gesamten Grundbesitz als Werbungskosten geltend machen. Dementsprechend ist die AfA für das gesamte Gebäude abziehbar (BMF-Schreiben vom 30.9.2013, BStBl. 2013 I S. 1184 Tz. 46).

Beim **unentgeltlichen** Vorbehaltsnießbrauch gilt: Der Eigentümer führt die AfA des alten Eigentümers und Nießbrauchers fort (§ 11d EStDV).

Beim **entgeltlichen** Vorbehaltsnießbrauch gilt: Der Eigentümer hat eigene Anschaffungskosten, die Bemessungsgrundlage für die AfA nach Beendigung des Nießbrauchs sind (BMF-Schreiben vom 30.9.2013, BStBl. 2013 I S. 1184 Tz. 47).

Bei einer **teilentgeltlichen** Übertragung wird entsprechend in einen unentgeltlichen und einen entgeltlichen Teil aufgeteilt (BMF-Schreiben vom 30.9.2013, BStBl. 2013 I S. 1184 Tz. 48).

! Hat der Nießbraucher größere Erhaltungsaufwendungen getragen und auf fünf Jahre verteilt, sollten Sie den Nießbrauch nicht beenden, bevor alle Aufwendungen geltend gemacht sind. Denn der Eigentümer kann den Ansatz nicht fortführen und die Aufwendungen gehen ansonsten steuerlich verloren (BFH-Urteil vom 13.3.2018, IX R 22/17, BFH/NV 2018 S. 824).

Was wird aus dem Vorbehaltsnießbrauch beim Tod eines Ehepartners?

In den meisten Fällen endet der Nießbrauch mit dem Tod des Nießbrauchers. Oftmals vereinbaren Ehepartner aber, dass der Vorbehaltsnießbrauch bis zum Tod des Längstlebenden bestehen bleiben soll. Besonderheiten gibt es dann, **wenn der überlebende Ehepartner nicht Eigentümer** des Gebäudes **oder nur Miteigentümer** war.

Soweit das Gebäude noch vermietet ist, erzielt der überlebende Ehepartner Einkünfte aus Vermietung und Verpachtung und darf auch Werbungskosten abziehen. War der verstorbene Ehepartner aber Alleineigentümer, entfällt die Abschreibung. Bestand Miteigentum, geht die Hälfte der Abschreibung verloren (BFH-Urteil vom 16.11.1993, IX R 103/90, BFH/NV 1994 S. 539).

Wenn die Eltern sich am Hausbau der Kinder beteiligen

Wenn die Kinder sich ein Haus bauen oder kaufen wollen, schießen die Eltern oft beträchtliche finanzielle Mittel zu und beteiligen sich an dem Bauvorhaben. Gleichzeitig möchten die Eltern oft auch in dem Haus wohnen. Je nach Vertragsgestaltung gilt entweder der Geldbetrag oder das mit dem Geld gekaufte Grundstück oder gebaute Haus als geschenkt.

Problematisch wird es, wenn die Eltern ebenfalls in dem Haus wohnen wollen und die Hingabe des Geldbetrags mit der Auflage versehen, dass sie etwa in der Erdgeschosswohnung des Zweifamilienhauses ein Wohnrecht erhalten. Die Finanzverwaltung wertet dies steuerlich als **Vorbehaltsnießbrauch.** Die Kinder erhalten also im Ergebnis ein mit einem Nießbrauch belastetes Haus **geschenkt** (BMF-Schreiben vom 30.9.2013, BStBl. 2013 I S. 1184 Tz. 39).

Konsequenz: Die Kinder als Eigentümer können keine eigenen Anschaffungskosten geltend machen, soweit das Haus mit dem Nießbrauch belastet ist. Dadurch reduziert sich bei einer vermieteten Immobilie die Höhe der Abschreibung.

» Die Mutter schenkt ihren Kindern einen Geldbetrag in Höhe des Kaufpreises für eine **Eigentumswohnung.** Diese Schenkung ist mit der Bedingung verbunden, dass das geschenkte Geld zum Kauf dieser Eigentumswohnung verwendet werden soll. Die Kinder kaufen dann diese Wohnung und räumen anschließend daran der Mutter ein lebenslanges Nießbrauchsrecht ein. Die Eigentumswohnung gilt als geschenkt **(mittelbare Grundstücksschenkung).** Steuerlich gelten die Regeln des Vorbehaltsnießbrauchs.

Nießbrauch und Grunderwerbsteuer

Mit der Einräumung eines Nießbrauchs entsteht ein sogenanntes grundstücksgleiches Recht. Die Übertragung von Grundstücken und grundstücksgleichen Rechten wird einer zusätzlichen Steuer, der Grunderwerbsteuer unterworfen. Eine Grundstücksübertragung durch Schenkung oder Erbschaft ist zwar von der Grunderwerbsteuer befreit, die **Befreiung greift aber nicht für Auflagen,** deren Wert von der Schenkungsteuer abgezogen werden kann (§ 3 Nr. 2 GrEStG).

Die Einräumung eines Nießbrauchsrechts ist **nur dann steuerfrei**, wenn nach § 3 Nr. 4 bis 6 GrEStG **Ehepartner oder Eltern und Kinder** an dem Geschäft beteiligt sind.

Für alle anderen Verwandten, mit denen Sie eine solche Gestaltung realisieren, gilt: Für die Einräumung des Nießbrauchsrechts wird **Grunderwerbsteuer erhoben.** Soll zum Beispiel eine **Nichte** oder ein **Neffe** eine Immobilie unter Nießbrauchsvorbehalt erhalten, bedeutet das für den zukünftigen Nießbraucher, dass er zwar ein Grundstück verschenkt, für das neu entstehende Nießbrauchsrecht aber Grunderwerbsteuer zahlen muss.

Die **Höhe der Steuer** wird nach dem Wert des Nießbrauchsrechts bemessen. Die Höhe des Steuersatzes der Grunderwerbsteuer können die Länder festlegen. Er beträgt zwischen 4,5 % und 6,5 % des Wertes der übertragenen Grundstücke oder grundstücksgleichen Rechte.

5.2.3 Verbilligte Vermietung an die Eltern

Besitzen Sie eine vermietete Immobilie, erzielen Sie daraus **Mieteinnahmen.** Davon können Sie bei der Ermittlung der steuerpflichtigen Vermietungseinkünfte die Aufwendungen für die Immobilie abziehen. Das sind zum Beispiel Darlehenszinsen, Hausmeister- und Verwalterkosten, Grundsteuer, Instandhaltungsaufwendungen und Abschreibungen.

Vermieten Sie eine Immobilie zu einer reduzierten Miete an einen Angehörigen, reduziert sich dadurch das steuerliche Ergebnis aus der Vermietung. Je höher Ihr persönlicher Steuersatz ist, desto größer sind die möglichen Steuervorteile. Dennoch verzichten Sie bei der verbilligten Überlassung an Angehörige natürlich zunächst auf Einnahmen. Nur einen Teil dieser Einnahmeausfälle gleicht die geringere Steuerbelastung wieder aus.

Meist entsteht bei der Vermietung einer Immobilie ein steuerlicher **Verlust** – jedenfalls solange das Objekt noch mit Darlehen belastet ist, deren Zinsen steuerlich geltend gemacht werden können. Dieser Verlust verringert Ihre Steuerbelastung.

Die Finanzbehörden erkennen Verluste jedoch immer nur dann an, wenn Sie mit einer Immobilie auf Dauer einen Überschuss erzielen werden. Bei dauerhaft zu Marktpreisen vermieteten Immobilien geht das Finanzamt zunächst einmal von einem sogenannten **Totalüberschuss** aus. Sie können eine Immobilie aber nicht nur an fremde Dritte, sondern auch mit einem Mietabschlag **an einen Angehörigen vermieten. Vorteil:** Durch die geringere Miete entsteht ein größerer steuerlicher Verlust, der einen Teil der Mieteinbußen wieder ausgleicht.

Das kann aber steuerliche Konsequenzen haben. Denn während bei der Vermietung an einen Fremden die Finanzämter selten nachfragen, werden Mietverhältnisse mit Angehörigen häufig überprüft. Die Beamten gehen oft davon aus, dass ein Mietverhältnis in Wirklichkeit nicht vorliegt und dieser Gestaltungsweg nur aus steuerlichen Gründen gewählt wurde.

Möchten die Eltern ihr Eigenheim weiterhin nutzen und das Objekt trotzdem weitergeben, kann das für eine gezielte Steuergestaltung genutzt werden. Besonders dann, wenn das Einkommen der Kinder recht hoch ist, kann durch eine verbilligte Vermietung der übertragenen Immobilie an die Eltern ein steuerlicher Verlust entstehen, der die Gesamtsteuerbelastung reduziert. Damit das gelingt, müssen einige Bedingungen eingehalten werden.

So wird das Mietverhältnis anerkannt

Halten Sie alle Kriterien, nach denen die Finanzverwaltung ein Mietverhältnis prüfen kann, genau ein und dokumentieren Sie das. In jedem Fall sollten Sie einen **schriftlichen Mietvertrag** abschließen, wie Sie es mit jedem anderen Mieter auch tun würden. Der Mietvertrag sollte die allgemein üblichen Bestimmungen enthalten wie eine **Mietkaution, Instandhaltungspflichten** und Ähnliches.

Doch mit dem Abschluss eines Mietvertrages allein ist es nicht getan. Der Vertrag muss auch genau so eingehalten werden. Das heißt, die **Mietzahlungen müssen nachweisbar fließen.** Am leichtesten fällt Ihnen dieser Nachweis, wenn der Mieter monatlich die vereinbarte Miete inklusive Nebenkostenabschlägen auf ein **separates Konto** einzahlt. Das erleichtert Ihnen nicht nur die Buchführung im Zusammenhang mit den Mieteinnahmen. Sie können auch jederzeit belegen, dass die Mieten wie vereinbart gezahlt wurden.

Aber nicht nur die Miete muss gezahlt werden. Damit ein Mietverhältnis wie mit einem fremden Dritten durchgeführt ist, müssen auch die Nebenkosten erfasst und abgerechnet werden. Da jeder Mieter Anspruch auf eine korrekte **Nebenkostenabrechnung** hat, dürfen Sie bei der Vermietung an Familienangehörige davon keine Ausnahme machen.

Fremdvergleich

Das Finanzamt kann einen Mietvertrag mit Angehörigen nicht anzweifeln, wenn er genauso durchgeführt wird, wie es mit einem Fremden der Fall wäre. Diese Prüfung der Finanzverwaltung nennt man Fremdvergleich.

Vermietung über Kreuz

Ein Mietvertrag wird grundsätzlich steuerlich nicht anerkannt, wenn sich Angehörige eine Immobilie wechselseitig vermieten (BFH-Urteil vom 25.1.1994, IX R 97-98/90, BStBl. 1994 II S. 738). Diese Konstruktion dient nur dazu, den Beteiligten den Werbungskostenabzug zu verschaffen und ist damit ein **Gestaltungsmissbrauch.** Möchten Sie in diesen Fällen eine Anerkennung der Mietverträge erreichen, müssen Sie gute **Argumente** für diese Konstellation anführen.

Das könnte der Fall sein, wenn die Eltern ihr Einfamilienhaus nicht mehr bewirtschaften können, der jungen Familie dagegen die Eigentumswohnung in der Nachbarschaft zu klein wird. Ziehen die Eltern in diesem Fall in die kleinere und seniorengerechtere Eigentumswohnung, während die Familie des Kindes in das für sie deutlich besser geeignete Einfamilienhaus mit großem Garten umzieht, ist das ein nachvollziehbarer Grund für die wechselseitige Vermietung.

Ausnahme: Ein Kind vermietet den Eltern eine Wohnung und wohnt gleichzeitig **unentgeltlich** im Haus der Eltern. Der Unterschied: Das ist nur eine »halbe« Überkreuzvermietung, weil ohnehin nur der Sohn Werbungskosten abziehen kann, die Eltern aber nicht. Den Eltern wiederum steht es frei, ihr Haus unentgeltlich zu überlassen. Damit liegt kein Gestaltungsmissbrauch vor (BFH-Urteil vom 14.1.2003, IX R 5/00, BStBl. 2003 II S. 509).

Außerdem wird eine Überkreuzvermietung in Kombination mit einer vorweggenommenen Erbfolge in folgendem Fall anerkannt: Ein Zweifamilienhaus wird in zwei Eigentumswohnungen aufgeteilt, von denen Mutter und Sohn jeweils eine bewohnen. Gleichzeitig **über-**

trägt die Mutter dem Sohn die von ihr **selbst genutzte Wohnung.** Anschließend vermieten sich Mutter und Sohn die Wohnungen gegenseitig (BFH-Urteil vom 12.9.1995, IX R 54/93, BStBl. 1996 II S. 158). Anders als bei der »normalen« Überkreuzvermietung liegt darin kein Gestaltungsmissbrauch. Denn die Mutter konnte frei über ihr Eigentum verfügen und unter wirtschaftlichen Aspekten durchaus auch die von ihr selbst genutzte Immobilie übertragen.

Dagegen wird ein Mietvertrag steuerlich nicht anerkannt, wenn Eltern und Kinder ihre **Eigentumswohnungen untereinander tauschen** und sich die Wohnungen anschließend gegenseitig vermieten (FG Münster vom 20.1.2010, 10 K 5155/05, DStRE 2011 S. 213). In dem konkreten Fall hatten sowohl der klagende Sohn als auch seine Eltern für jeweils eine selbst genutzte Eigentumswohnung Förderung nach § 10e EStG erhalten. Nach dem Ende der Förderung tauschten sie notariell das Eigentumsrecht an den Wohnungen und vermieteten sie sich gegenseitig. Ziel war es, die Schuldzinsen für die beiden Objekte als Werbungskosten abzusetzen.

Das ließen die Finanzrichter nicht zu. Für diese ungewöhnliche Gestaltung gebe es keine wirtschaftlichen oder sonstigen außersteuerlichen Gründe, vielmehr sollten nur Steuern gespart werden. Der Kläger war Zeitsoldat und hielt sich nur gelegentlich in der Wohnung auf. Ein »verständiger« Eigentümer hätte aber nicht seine Eigentumswohnung vermietet und zugleich von seinem Mieter dessen Wohnung angemietet, um sich dort nur selten aufzuhalten, so die Richter. Den Hinweis des Klägers, nach seinem Ausscheiden aus der Bundeswehr am Wohnort eine neue Berufstätigkeit aufnehmen und eine Familie gründen zu wollen, ließ das Finanzgericht nicht gelten.

Die Miete darf nicht über Umwege zum Mieter zurückfließen

Auch wenn es sich beim Mieter um einen nahen Angehörigen handelt, dürfen Sie nicht über Umwege die gezahlten Mieten zurückerstatten.

In einem vor dem Finanzgericht Düsseldorf verhandelten Fall hatte der Ehemann einen von ihm bezahlten Anbau auf dem gemeinsamen Grundstück an die Ehefrau zum Betrieb einer Psychotherapiepraxis vermietet. Der Mietvertrag wies einige Lücken auf: Es fehlten Angaben zur Fläche, Anzahl und Ausstattung der vermieteten Räume, zu Nebenräumen sowie die Anschrift der Mieträume. Die Mieten wurden monatlich vom Praxiskonto der Ehefrau auf ein Konto des Ehemannes gezahlt. Von dort flossen alle drei Monate Beträge, die ungefähr der dreifachen Monatsmiete entsprachen, auf ein anderes Konto der Ehefrau.

Die **zeitnahe Rückzahlung der** geleisteten **Mietzahlungen** an die Ehefrau wurde nicht nur vom Finanzamt moniert. Auch das Finanzgericht schloss sich dem an und versagte die Anerkennung des Mietvertrages. Ausschlaggebend waren hierbei nicht die formalen Fehler im Mietvertrag, sondern, dass das Mietverhältnis nicht wie vereinbart und unter fremden Dritten üblich durchgeführt wurde (FG Düsseldorf vom 25.6.2010, 1 K 292/09 E, EFG 2010 S. 1415).

So werden alle Werbungskosten akzeptiert

Wer eine Wohnung oder ein Haus billiger als am Markt üblich vermietet, kann damit kräftig Steuern sparen. Allerdings kann es Probleme mit dem Finanzamt geben, wenn Sie durch den Verzicht auf Mieteinnahmen steuerlich einen **Vermietungsverlust** erleiden. In diesem Fall prüft das Finanzamt nämlich, ob Sie mit der verbilligten Vermietung steuerliche **Liebhaberei** betreiben. Konsequenz: Sie können nur noch **einen Teil der Werbungskosten abziehen.**

Ob Sie davon betroffen sind, hängt entscheidend von der **vereinbarten Miethöhe** ab. Sie haben es in der Hand: Wenn Sie die Miete nicht zu niedrig ansetzen, können Sie **alle Werbungskosten** geltend machen. Maßstab dafür ist die **ortsübliche Marktmiete**. Darunter versteht man die **Summe** aus der ortsüblichen **Kaltmiete** und den nach der Betriebskostenverordnung umlagefähigen **Nebenkosten**

(R 21.3 EStR). Maßgebend ist die **vereinbarte** Miete. Das bedeutet: Spätere **Mietausfälle** – etwa wegen Zahlungsunfähigkeit eines Mieters – bleiben außer Betracht.

Damit alle Werbungskosten anerkannt werden, darf die reduzierte Miete einen bestimmten Prozentsatz der ortsüblichen Miete nicht unterschreiten. Um festzustellen, ob bei verbilligter Vermietung alle Werbungskosten abziehbar sind, müssen Sie stets **Jahresbeträge** vergleichen – und zwar die von Ihnen vereinnahmte Miete einschließlich Umlagen mit dem Jahresbetrag der ortsüblichen Miete einschließlich Umlagen.

Die Regelungen zur verbilligten Miete gelten nicht nur für Mietverträge mit Angehörigen, sondern genauso im Verhältnis zu **fremden Dritten.** Allerdings stellt sich das Problem der zu billigen Vermietung an fremde Personen in der Praxis eher selten.

Wichtig: Vergessen Sie bei der verbilligten Vermietung nicht die **Mietpreiserhöhungen.** Denn das Finanzamt muss Sie als Vermieter nicht darauf hinweisen, dass Sie Ihre Miete wegen allgemeiner Mietpreissteigerungen erhöhen müssen, um steuerliche Nachteile zu vermeiden (FG München vom 4.12.2009, 1 K 3948/07).

Wann Sie entgeltlich vermieten

Es wird immer dann von einer entgeltlichen Vermietung ausgegangen, wenn die Miete **mindestens 66 %** der ortsüblichen Vergleichsmiete beträgt (§ 21 Abs. 2 EStG). In diesen Fällen ist ein Abzug der **Werbungskosten in voller Höhe** möglich.

Liegt die vereinbarte Miete **unter 50 %** der ortsüblichen Vergleichsmiete, sind die Werbungskosten aufzuteilen und werden nur noch anteilig anerkannt.

Wenn Sie beispielsweise jemandem eine Immobilie zu 45 % der ortsüblichen Vergleichsmiete überlassen, können Sie auch nur diesen Anteil Ihrer Werbungskosten geltend machen.

Checkliste zur verbilligten Vermietung an Angehörige

Diese Unterlagen und Nachweise sollten Sie zur Verfügung haben:

Mietvertrag	[ ]
Nachweis einer Kautionsstellung	[ ]
Nachweis der ortsüblichen Vergleichsmiete	[ ]
Beleg der Mietzahlungen	[ ]
Nachweis der Nebenkostenabrechnungen	[ ]

Ortsübliche Marktmiete (Vergleichsmiete)

Bei verbilligter Vermietung sollte die vertraglich vereinbarte Miete mindestens 66 % der ortsüblichen **Marktmiete** betragen. Was unter Marktmiete zu verstehen ist, war lange Zeit unklar. Inzwischen hat der Bundesfinanzhof ein Machtwort gesprochen und abschließend entschieden: Als Marktmiete ist die Bruttomiete inklusive der umlagefähigen Nebenkosten anzusehen (BFH-Urteil vom 10.5.2016, IX R 44/15, BStBl. 2016 II S. 835).

Geklagt hatte ein Immobilieneigentümer, der eine Wohnung an seine Mutter vermietet hatte. Dabei war eine verbilligte Kaltmiete vereinbart, die umlagefähigen Nebenkosten trug die Mutter in voller Höhe. Weil die Kaltmiete unter 66 % der ortsüblichen Kaltmiete lag, erkannte das Finanzamt die geltend gemachten Werbungskosten nur anteilig an.

Anders der Bundesfinanzhof: Da die Mieterin die vollen Nebenkosten getragen hat, kam der Steuerpflichtige in seiner Berechnung auf einen Bruttomietpreis von mehr als 66 % der Marktmiete und hätte damit Anspruch auf den vollen Werbungskostenabzug. Der Bundesfinanzhof hat das Urteil aufgehoben und den Fall an das Finanzgericht zurückverwiesen, um die Marktmiete nach den gesetzten Vorgaben zu ermitteln und neu zu entscheiden.

Die Marktmiete erfahren Sie

- aus dem **örtlichen Mietspiegel.**

  Achtung: Die meisten Mietspiegel gelten nicht für die Vermietung eines Einfamilienhauses oder einer Wohnung im Zweifamilienhaus. Die genannten Mieten dienen dann allenfalls zur Orientierung (als Untergrenze).

  Die **Untergrenzen** des örtlichen Mietspiegels dürfen Sie ausreizen, ohne steuerliche Nachteile in Kauf nehmen zu müssen. Denn das Finanzamt darf als Vergleichsmiete nicht einen Mittelwert laut Mietspiegel ansetzen. Entscheidend ist der niedrigste Wert der ortsüblichen Preisspanne (OFD Rheinland, Kurzinformation Einkommensteuer Nr. 82/2007 vom 17.12.2007).

  In Kommunen, für die kein Mietspiegel existiert, ist vom ortsüblichen Mittelwert einer vergleichbaren Wohnung auszugehen (Bayerisches Landesamt für Steuern vom 25.1.2008, DStR 2008 S. 406);
- von Vermietern, die im gleichen Haus oder in der Nachbarschaft eine **vergleichbare Wohnung** vermieten;
- aus dem **internen Mietspiegel** des Finanzamtes.

  Eine Wohnung verbilligt zu vermieten, ist Ihr gutes Recht. Deshalb können Sie durchaus auch bei Ihrem Finanzamt anrufen und nach der ortsüblichen Miete aus dem internen Mietspiegel fragen. Allerdings geben nicht alle Finanzbeamten bereitwillig Auskunft;
- anhand der **Mietpreiserhebung des Statistischen Bundesamtes.** Die Oberfinanzdirektion Karlsruhe hat sich auf eine hilfsweise Berechnung für die Vergleichsmiete festgelegt, die zur Anwendung kommen kann, wenn kein Mietspiegel vorliegt (Verfügung der OFD Karlsruhe vom 1.2.2013, Az. S 2253). Dieser Vorgehensweise hat sich die Oberfinanzdirektion Frankfurt angeschlossen (Verfügung der OFD Frankfurt vom 22.1.2015, Az. S 2253 A).

Mit dem Mikrozensus des Statistischen Bundesamtes werden auch bundesdurchschnittliche Bruttokaltmieten erhoben. Die Daten des Jahres 2010 sollen dazu mit einer jährlichen Steigerung von 1,15 % fortgeschrieben werden. Anschließend erfolgt eine Anpassung an die regionale Preisstruktur über die Mietstufeneinordnung nach § 12 WoGG.

Die Oberfinanzdirektion Frankfurt führt in ihrer Verfügung zwei weitere Wege an, auf denen die Finanzverwaltung eine Vergleichsmiete ermitteln kann:

- Ein einfacher Weg ist ein **Vergleich mit der** vor der verbilligten Vermietung erzielten **regulären Miete.** Haben Sie vor der Überlassung an Angehörige an Fremde vermietet, kann die hierbei erzielte Miete als Maßstab genommen werden. **Achtung:** Als Vergleichsmaßstab wird immer die Miete inklusive Nebenkosten herangezogen.
- Für Hessen existiert ein **Mietwertkalkulator** der Ämter für Bodenmanagement und Geoinformation. Dieser Mietwertkalkulator (Mika) ermittelt aus dem Bodenrichtwert, Baujahr, Ausstattung und Wohnfläche eine durchschnittliche Wohnraummiete. Die Ergebnisse dieser Berechnung sind inzwischen auch vom Hessischen Finanzgericht akzeptiert (Hessisches FG vom 13.10.2014, 4 K 1082/14).
- Zur Prüfung der ermittelten Werte oder als Möglichkeit, eine Vergleichsmiete zu ermitteln, wenn andere Optionen nicht zur Verfügung stehen, empfiehlt die OFD Frankfurt, **vergleichbare Objekte** in der näheren Umgebung in **Internetportalen** zu suchen. Explizit genannt ist dabei als Empfehlung für die Sachbearbeiter des Finanzamtes die Plattform www.immoscout24.de. Damit sollte auch dem Steuerpflichtigen die Möglichkeit offenstehen, diese Vergleichswerte als Beleg heranzuziehen. Beachten Sie dabei, dass für besondere Ausstattungsmerkmale Zu- oder Abschläge vorgenommen werden sollten. So kann für einen besonders großen Garten, einen Wintergarten oder andere besondere Ausstattungsdetails ein Mietzuschlag einkalkuliert werden.

Die ortsübliche Miete zu ermitteln, ist oft nicht einfach. Denn ein Mietspiegel liefert nur Anhaltspunkte und die Zahlen der Finanzbehörden sind nicht immer auf dem neuesten Stand. Helfen kann aber eine Anfrage beim Immobilienverband Deutschland (www.ivd.net) oder das Studium von Vermietungsangeboten in Zeitungen beziehungsweise im Internet.

Nebenkosten

Vereinbaren Sie eine **Kaltmiete** und getrennt davon eine **Umlage** (keine Pauschale) **für alle umlagefähigen Nebenkosten,** die Sie als Vermieter zu tragen haben. Die umlagefähigen Nebenkosten ergeben sich aus § 2 der Betriebskostenverordnung und sind in jedem Formularmietvertrag aufgelistet.

! Um Streitigkeiten zu vermeiden, sollten Sie unbedingt auch eine ordnungsgemäße **Nebenkostenabrechnung** durchführen. Es hat sich in der Praxis bewährt, die Nebenkosten in voller Höhe an den Mieter weiterzugeben und nur eine verbilligte Miete zu vereinbaren.

» Die Enliegerwohnung im Haus der Eltern war bis vor Kurzem für 500,– € Kaltmiete vermietet. Die Nebenkosten betrugen monatlich 150,– €. Nach dem Auszug des Mieters möchte die Tochter die Wohnung beziehen. Die letzte **Bruttomiete** von 650,– € kann hier gut als Vergleichsgröße herangezogen werden. Damit der volle Werbungskostenabzug für die Eltern als Vermieter erhalten bleibt, darf die mit der Tochter vereinbarte Bruttomiete den Betrag von 429,– € (= 66 % von 650,– €) nicht unterschreiten.

Vereinbaren die Eltern mit der Tochter eine Miete von 300,– € monatlich zuzüglich 150,– € Nebenkostenabschlag, werden auch weiterhin alle Werbungskosten akzeptiert, da als Bezugsgröße die Bruttomiete herangezogen wird. Ganz sicher gehen Sie, wenn eine Miete von 330,– € (= 66 % von 500,– €) zuzüglich 150,– € Nebenkostenabschlag vereinbart wird.

5.2.4 Besondere Steuergestaltungen bei der Immobilienübertragung

Mit der Übertragung einer vermieteten Immobilie werden Einkünfte zwischen Eltern und Kindern verlagert. Damit verändert sich auch die Belastung der Vermietungseinkünfte mit Einkommensteuer. Haben Eltern und Kinder stark unterschiedliche Einkünfte, kann das genutzt werden, um die Gesamtbelastung mit Einkommensteuer zu senken.

Geringerer Steuersatz der Kinder

Die Übertragung einer vermieteten Immobilie kann auch genutzt werden, um die Gesamtsteuerbelastung innerhalb der Familie zu reduzieren. Denn: Werden die Vermietungseinkünfte bisher wegen hoher anderer Einkünfte beim Eigentümer der höchsten Steuerprogression unterworfen und ein Kind verfügt noch über sehr geringes Einkommen, spart die Übertragung Einkommensteuer, weil danach ein niedrigerer Steuersatz auf die Vermietungseinkünfte zur Anwendung kommt.

» Herr Müller besitzt eine vermietete Eigentumswohnung, aus der er jährliche Mieteinnahmen von 10.000,– € erzielt. Das Objekt wird mit 3.000,– € jährlich abgeschrieben, abzugsfähige Darlehenszinsen gibt es nicht. Da Herr Müller über weitere hohe Einkünfte verfügt (und deshalb der Soli bei ihm nicht wegfällt), wird dieser Ertrag bei ihm mit dem Spitzensteuersatz (derzeit 42 %) zuzüglich 5,5 % Solidaritätszuschlag belastet. Das sind insgesamt 44,31 %.

Bei einem steuerlichen Gewinn aus Vermietung und Verpachtung von 7.000,– € (= 10.000,– € Miete ./. 3.000,– € Abschreibung) ergibt sich eine Steuer von 3.101,70 €.

Wie verändert sich die Steuerbelastung, wenn Herr Müller die Wohnung seiner 18-jährigen Tochter schenkt, die ansonsten über keine Einkünfte verfügt?

Der steuerpflichtige Ertrag aus Vermietung und Verpachtung liegt mit 7.000,– € noch unterhalb des Grundfreibetrags der Tochter. Damit fällt bei der Tochter keine Einkommensteuer auf die Mieteinkünfte an. **Vorteil:** Durch die Übertragung spart Herr Müller jährlich rund 3.100,– € Einkommensteuer.

Hohe Einkommensteuerbelastung der Kinder

Hat ein Kind ein sehr hohes Einkommen, kann auch die Übernahme einer Immobilie, die einen Verlust aus Vermietung und Verpachtung erzielt, lukrativ sein. Denn dieser Verlust kann mit anderen Einkünften verrechnet werden und dadurch zu einer Steuerreduzierung führen. Besonders wenn bei den Eltern nur noch geringe weitere Einkünfte anfallen, kann durch die Weitergabe der verlustbehafteten Immobilie ein hoher Steuervorteil erreicht werden.

Steht nur das selbst genutzte Eigenheim der Eltern für eine Übertragung zur Verfügung, kann auch dabei eine Steuerreduzierung für die Kinder erreicht werden. Wollen die Eltern ihr Eigenheim übergeben, aber dennoch weiter darin wohnen, wird meist ein **Wohnrecht** oder ein **Nießbrauchsrecht** zugunsten der Eltern vereinbart.

Diese Vereinbarung hat eine Reduzierung der **Erbschaftsteuer** zur Folge, die **Einkommensteuerbelastung** von Eltern und Kindern bleibt aber unverändert.

Von einer **Übertragung unter Nießbrauchsvorbehalt sollten Sie absehen,** wenn der Nießbraucher **größere Erhaltungsaufwendungen** in den vergangenen Jahren nicht sofort als Werbungskosten angesetzt, sondern von seinem Wahlrecht Gebrauch gemacht hat, diese Kosten auf fünf Jahre zu verteilen. Eine solche Kostenverteilung hat den Vorteil, dass auch sehr hohe Instandhaltungskosten steuerlich optimal genutzt werden können. **Geht der Nießbrauch allerdings unter**, weil er entweder aufgegeben wird oder aber der Nießbraucher verstirbt, können die Rechtsnachfolger diese Werbungskosten nicht weiter nutzen. Der noch nicht genutzte Anteil der Instandhaltungskosten verfällt, da der neue Eigentümer die Aufwendungen nicht selbst getragen hat (BFH-Urteil vom 13.3.2018, IX R 22/17, BFH/NV 2018 S. 824).

! Prüfen Sie vor einer Übertragung unter Nießbrauchsvorbehalt, ob die Gefahr besteht, dass noch nicht verteilte Instandhaltungsaufwendungen ungenutzt verfallen könnten.

5.3 Erbschaft-/Schenkungsteuer

Wechselt Vermögen ohne Gegenleistung den Eigentümer, ist das eine Schenkung. Das Gleiche gilt, wenn die Gegenleistung geringer ist als der Wert des Vermögens.

Wechselt eine Immobilie mit einer Gegenleistung den Eigentümer, die **unterhalb des Verkehrswertes** der Immobilie liegt, teilt das Finanzamt die Übertragung in zwei Bestandteile auf. Ein Teil wird als unentgeltlich übertragen betrachtet und ein Teil als gekauft. Als Maßstab für die Aufteilung wird das Verhältnis der Gegenleistung zum Verkehrswert der Immobilie herangezogen.

Das hat weitreichende Folgen sowohl für die Erbschaft-/Schenkungsteuer als auch für die Einkommensteuer.

Bei der Erbschaft-/Schenkungsteuer wird nur der **unentgeltlich** übertragene Teil der Immobilie als Besteuerungsgrundlage herangezogen. Für diesen Teil führt der neue Eigentümer bei einer vermieteten Immobilie auch die Abschreibungen des früheren Eigentümers fort.

Einkommensteuerlich gilt: Für den Teil, der **entgeltlich** erworben wurde, hat der neue Eigentümer eigene Anschaffungskosten, die er abschreiben kann und muss. **Wichtig:** Auch die Spekulationsfrist von zehn Jahren beginnt für diesen Teil erneut.

» Der Vater überträgt dem Sohn ein Mietshaus im Wert von 2.000.000,– €. Der Anteil für den Grund und Boden beträgt dabei nach dem Verhältnis der Verkehrswerte 200.000,– €. Der Sohn verpflichtet sich, einen Betrag von 1.000.000,– € als Ausgleich an seine Geschwister zu zahlen. Der Vater hatte die Immobilie 1990 gekauft und die Anschaffungskosten des Gebäudes in Höhe von 400.000,– € mit 2 % jährlich abgeschrieben.

Der Anteil, der unentgeltlich übertragen wurde, ergibt sich nach folgender Formel:

(Erbrachte Gegenleistung) / (Verkehrswert) × 100 % =
(1.000.000,– €) / (2.000.000,– €) × 100 % = 50 %

Zu 50 % muss der Sohn die Abschreibungen des Vaters fortführen, zu 50 % hat er eigene Anschaffungskosten.

Das sind die Abschreibungen im Detail:

	Unentgeltlich erworbener Teil	**Entgeltlich erworbener Teil**
Abschreibungsbasis	50 % der Anschaffungskosten des Vaters (= 200.000,– €)	Anschaffungskosten des Sohnes abzgl. Grundstücksanteil (= 900.000,– €)
Abschreibungsvolumen ab Übertragung	Anschaffungskosten 200.000,– € abzgl.bereits vom Vater in Anspruch genommener AfA 1990 bis 2009: 19 × 2 % von 200.000,– € = 76.000,– €. Es verbleibt ein Abschreibungsvolumen von 124.000,– €	900.000,– €
AfA-Satz	2 % (wie bereits vom Vater genutzt)	2 %
Jahres-AfA	4.000,– €	18.000,– €
Abschreibungsdauer	31 Jahre	50 Jahre

Auch wenn es bei der Schenkungsteuer hohe Freibeträge für Übertragungen zwischen Eltern und Kindern gibt, sollten die steuerlichen Folgen in diesem Bereich geprüft werden. Denn die Freibeträge beziehen sich auf alle Übertragungen innerhalb eines Zeitraums von **zehn Jahren.** Das bedeutet: Gab es innerhalb der letzten Jahre bereits größere Schenkungen, kann der Freibetrag dadurch schon ganz oder teilweise aufgebraucht sein. Auch wenn kurz nach einer größeren Schenkung der Erbfall eintritt, besteht diese Gefahr.

Für Schenkungen von Eltern an die Kinder besteht ein **Freibetrag** von 400.000,– €, Enkelkinder können Vermögen im Wert von 200.000,– € erhalten, bevor Erbschaft- oder Schenkungsteuer anfällt. Dieser Freibetrag gilt pro Kind und Enkel für Übertragungen nach jedem Elternteil. Liegt das zu übertragende Gesamtvermögen unter der Summe der Freibeträge, besteht keine Gefahr. Werden die Beträge jedoch überschritten, kann durch geschickte Gestaltung dafür gesorgt werden, dass die Steuerbelastung geringer ausfällt oder ganz vermieden wird.

Ob Sie eine **Erbschaft- oder Schenkungsteuererklärung** abgeben müssen, hängt davon ob, ob eine Steuerfestsetzung zu erwarten ist. Im jedem Fall muss das Finanzamt über eine Schenkung oder Erbschaft informiert werden. Erwartet das zuständige Erbschaftsteuerfinanzamt eine Steuerfestsetzung, werden Sie zur Abgabe der Steuererklärung aufgefordert. Die Pflicht, das Finanzamt zu informieren, trifft dabei Schenker und Beschenkte gleichermaßen. Sie können sich die Information sparen, wenn Immobilien verschenkt werden, denn hier gibt der Notar automatisch die Information an die Finanzbehörden. Zu dieser Weitergabe ist der Notar gesetzlich verpflichtet.

5.3.1 Wie hoch ist die Erbschaft-/Schenkungsteuer?

Nur was nach Abzug der Freibeträge vom Vermögenswert übrig bleibt, ist erbschaft- bzw. schenkungsteuerpflichtig. Jeder steuerpflichtige Erwerb wird auf volle 100,– € nach unten abgerundet. Die

Steuersätze der Erbschaft- und Schenkungsteuer sind – genau wie die persönlichen Freibeträge – abhängig von den Steuerklassen und zusätzlich progressiv gestaffelt (§ 19 ErbStG).

Grundfreibeträge und Steuerklassen

Die folgende Tabelle zeigt für die einzelnen Angehörigen den Freibetrag und die Steuerklasse:

Freibeträge und Steuerklassen bei der Erbschaft-/Schenkungsteuer		
	Freibetrag (§ 16 ErbStG)	**Steuerklasse (§ 15 ErbStG)**
für Ehepartner und Lebenspartner einer eingetragenen Lebenspartnerschaft	500.000,– €	I
für Kinder und Enkelkinder, deren Eltern verstorben sind, sowie für Stief- und Adoptivkinder	400.000,– €	I
für Enkelkinder	200.000,– €	I
für Eltern und Großeltern beim Erwerb durch Erbschaft	100.000,– €	I
für Eltern und Großeltern beim Erwerb durch Schenkung, für Geschwister, Kinder der Geschwister, Stiefeltern, Schwiegerkinder, Schwiegereltern, geschiedene Ehepartner und Lebenspartner einer aufgehobenen Lebenspartnerschaft	20.000,– €	II
für alle anderen Empfänger einer Schenkung oder Erbschaft	20.000,– €	III

Steuersätze

Abhängig von Ihrer Steuerklasse und der Höhe des steuerpflichtigen Erwerbs gelten unterschiedlich hohe Erbschaftsteuersätze:

Wert des steuerpflichtigen Erwerbs bis einschließlich	**Steuersatz in der Steuerklasse**		
	I	II	III
75.000,– €	7 %	15 %	30 %
300.000,– €	11 %	20 %	30 %
600.000,– €	15 %	25 %	30 %

Wert des steuerpflichtigen Erwerbs bis einschließlich	**Steuersatz in der Steuerklasse**		
	I	II	III
6.000.000,– €	19 %	30 %	30 %
13.000.000,– €	23 %	35 %	50 %
26.000.000,– €	27 %	40 %	50 %
über 26.000.000,– €	30 %	43 %	50 %

Härtefallausgleich

Werden die Progressionsstufen nur geringfügig überschritten, wird nicht das gesamte Vermögen mit dem nächsthöheren Steuersatz belastet. Stattdessen wird ein **Härtefallausgleich** durchgeführt. Das bedeutet: Die höhere Steuer wird nur zu einem Teil erhoben, sodass dem Empfänger des Vermögens immer noch ein Teil des die Grenze überschreitenden Vermögens verbleibt.

Würde bei der Steuerermittlung der Stufentarif dagegen **ohne den Härtefallausgleich** angewandt, könnte Folgendes vorkommen: Jemand bekommt zwar mehr Vermögen übertragen, hat aber nach Abzug der Steuer weniger übrig, als wenn er geringfügig weniger Vermögen bekäme, aber dadurch mit seinem steuerpflichtigen Erwerb unterhalb einer Progressionsgrenze bliebe.

Vorteil des Härtefallausgleichs: Es kann nicht die Situation eintreten, dass beispielsweise bei einer Schenkung von 76.000,– € weniger Vermögen beim Beschenkten verbleibt als bei Schenkung von 75.000,– €. Was ohne Härtefallausgleich passieren würde, verdeutlicht das folgende Beispiel.

» Bei einem steuerpflichtigen Erwerb von 75.000,– € in Steuerklasse I beträgt die Steuer nach der obigen Tabelle 7 % von 75.000,– € = 5.250,– €. Für einen steuerpflichtigen Erwerb von 76.000,– € würde die Steuer dagegen auf 11 % von 76.000,– € = 8.360,– € steigen. Auf den **Mehrerwerb** von 1.000,– € würde also eine Mehrsteuer von 3.110,– € (= 8.360,– € ./. 5.250,– €) entfallen.

Um diesen Effekt zu vermeiden, wird bei Überschreitung einer Tarifgrenze die zusätzliche Steuer nur zu einem Teil erhoben: Sie wird so bemessen, dass sie aus dem zusätzlichen, die Tarifgrenze übersteigenden Vermögen beglichen werden kann (§ 19 Abs. 3 ErbStG).

- Beträgt der **Steuersatz** nach der überschrittenen Tarifgrenze **bis zu 30 %,** wird die zusätzliche Steuer nur bis zur Hälfte des die Grenze übersteigenden Betrags erhoben.
- Beträgt der **Steuersatz** nach der überschrittenen Tarifgrenze **mehr als 30 %,** wird die zusätzliche Steuer bis zu drei Vierteln des die Grenze übersteigenden Betrags erhoben.

» **Ohne** den Härtefallausgleich fielen beim Erwerb von 76.000,– € nach dem Tarif 8.360,– € an. **Mit** Härtefallausgleich ermittelt sich die Steuer wie folgt:

	Steuer auf den Betrag bis zur Tarifgrenze (75.000,– €)		5.250,– €
+	50 % des die Tarifgrenze überschreitenden Betrags,also 50 % von 1.000,– €	+	500,– €
=	**Festzusetzende Steuer**	=	5.750,– €

5.3.2 So berechnen Sie den steuerpflichtigen Erwerb

Als Basis für die Berechnung der Erbschaft-/Schenkungsteuer werden zunächst die Steuerwerte aller Vermögensgegenstände addiert, die auf den Erwerber übergehen. Davon abgezogen werden die **Freibeträge** für den Erwerb von Hausrat. Von dem so ermittelten Vermögensanfall nach Steuerwerten werden im Fall der Erbschaft die Nachlassverbindlichkeiten abgezogen.

Nachlassverbindlichkeiten sind vor allem die Schulden des Erblassers, die die Erben übernommen haben, aber auch Verpflichtungen, die der Erbe aufgrund von Vermächtnissen zu übernehmen hat. Außerdem gehören die nachgewiesenen Kosten für die Nachlassabwicklung dazu. Pauschal werden für die **Nachlassabwicklung und Bestattung 10.300,– €** anerkannt, wenn Sie keine höheren Aufwendungen nachweisen.

Von der so ermittelten **Bereicherung des Erwerbers** wird nun bei Ehepartnern der steuerfreie **Zugewinnausgleich** abgezogen. Nach Abzug der persönlichen Freibeträge und eines möglichen **Versorgungsfreibetrags** ergibt sich der steuerpflichtige Erwerb, aufgrund dessen die Erbschaftsteuer ermittelt wird. Auf diesen Erwerb wird der Steuersatz nach § 19 ErbStG angewendet. Eine Steuerfestsetzung erfolgt, wenn die zu erhebende Steuer mehr als 50,– € beträgt. Bis zu diesem Betrag wird keine Steuer festgesetzt (Kleinbetragsgrenze des § 22 ErbStG).

So werden bei Schenkungen Belastungen berücksichtigt

Belastungen und Verpflichtungen können bei einer Schenkung in bestimmten Fällen vom Erwerb abgezogen werden.

Nutzungsrechte bei der Übertragung von Immobilien

Wird eine Immobilie übertragen und zugleich ein Nutzungsrecht an der Immobilie selbst einem anderen als dem Empfänger eingeräumt, so gibt es zwei Möglichkeiten, den Wert dieses Nutzungsrechts bei der Ermittlung der steuerpflichtigen Bereicherung in Ansatz zu bringen. Nach welchem Verfahren vorzugehen ist, hängt davon ab, welches Bewertungsverfahren bei der Immobilienbewertung genutzt wurde:

- Das **standardisierte Bewertungsverfahren** nach den Vorschriften des Bewertungsgesetzes: In diesem Fall wird ein Nutzungsrecht nicht in die Immobilienbewertung mit einbezogen. Der Gegenwert des Nutzungsrechts kann als Belastung des Erwerbers wie eine Nachlassverbindlichkeit berücksichtigt werden.
- Der **individuelle Nachweis** des Immobilienwertes durch ein **Gutachten:** In diesem Fall wird die Belastung durch ein Nutzungsrecht in der Regel bereits bei der Immobilienbewertung berücksichtigt. Hier ist kein weiterer Ansatz des Nutzungsrechtes als Belastung des Erwerbers vorgesehen.

Erwerbsnebenkosten bei Schenkungen

Die für eine Schenkung anfallende **Schenkungsteuer** darf **nicht** als Belastung abgezogen werden.

Abzugsfähig sind dagegen mögliche **Steuerberatungskosten** für die Erstellung der Schenkungsteuererklärung sowie vom Beschenkten getragene **Notarkosten und Grundbuchgebühren** im Zusammenhang mit einer Immobilienschenkung.

Auflagen in Verbindung mit einer Schenkung

Muss der Beschenkte für die Übertragung des Vermögens andere Gegenleistungen erbringen, mindern diese den Wert des schenkungsteuerpflichtigen Erwerbs. **Abzugsfähig sind zum Beispiel**

- die Übernahme eines **Grundschulddarlehens** auf einer geschenkten Immobilie;
- die Zahlung eines **Gleichstellungsgeldes** an Geschwister;
- die Zahlung einer regelmäßigen Versorgungsleistung **(Rente oder dauernde Last)** an den Übergeber oder einen von ihm bestimmten Dritten;
- die Zahlung eines Geldbetrages an den Übergeber, wobei der Geldbetrag geringer ist als der Wert des übertragenen Vermögens.

Schenkungsteuerlich wird eine solche Übertragung so betrachtet, als sei ein Teil des Vermögens gekauft und ein Teil geschenkt worden. Es fällt nur dann Schenkungsteuer an, wenn die Gegenleistung einen geringeren Wert hat als das übertragene Vermögen. In diesem Fall handelt es sich um eine sogenannte **teilentgeltliche Übertragung.**

Um die Schenkungsteuer zu ermitteln, muss der Wert der freigebigen Zuwendung berechnet werden, also der Anteil des geschenkten Vermögens.

Wird das übertragene Vermögen mit seinem **Verkehrswert** angesetzt, kann die übernommene Verpflichtung einfach als Verbindlichkeit vom Wert des Vermögens abgezogen werden.

Wird Vermögen übertragen, das **nicht zu Verkehrswerten** zur Schenkungsteuer herangezogen wird, muss der Steuerwert der freigebigen Zuwendung mit der folgenden Formel berechnet werden:

$$\text{Steuerwert der freigebigen Zuwendung} = \frac{\text{Steuerwert des übertragenen Vermögens} \times (\text{Verkehrswert des übertragenen Vermögens} \; ./. \; \text{Verkehrswert der Gegenleistung})}{\text{Verkehrswert des übertragenen Vermögens}}$$

Der so ermittelte Steuerwert der freigebigen Zuwendung ist Grundlage der Schenkungsteuerermittlung.

Steuerreduzierung durch Nießbrauchsvorbehalt

Wollen oder müssen die Eltern noch Erträge aus den Immobilien für ihren Lebensunterhalt ziehen, kann das über einen Nießbrauchsvorbehalt erreicht werden. Damit behalten sie sich das Recht zurück, auch in Zukunft die Erträge aus der Immobilie einzunehmen, selbst wenn sie nicht mehr Eigentümer des Objektes sind. Das führt gleichzeitig zu einer deutlichen Reduzierung der Schenkungsteuer. Denn ohne das Recht, die Erträge zu beziehen, ist die Immobilie natürlich auch deutlich weniger Wert. Der Wert des Nießbrauchsrechts mindert den steuerpflichtigen Erwerb, von dem eine Schenkungsteuer berechnet wird.

» Herr Neumann ist Eigentümer eines Zweifamilienhauses, das er seinem Sohn bereits zu Lebzeiten übertragen möchte. Die monatlichen Mieterträge von 1.500,– € möchte er jedoch weiterhin bis zu seinem Tod beziehen, um daraus seinen Lebensunterhalt zu bestreiten. Der Wert der Immobilie wurde mit einem Betrag von 600.000,– € ermittelt. Herr Neumann ist zum Zeitpunkt der Schenkung 65 Jahre alt. Er möchte einen Nießbrauchsvorbehalt festlegen, der ihm lebenslang die Mieterträge sichert.

Bei einer Schenkung ohne Nießbrauch beträgt der steuerliche Erwerb des Sohnes 600.000,– €. Abzüglich des Freibetrags von 400.000,– € müsste er Schenkungsteuer auf einen steuerpflichtigen Erwerb von 200.000,– € entrichten. Die Steuerbelastung für den Sohn liegt dann bei 22.000,– €.

Der Nießbrauch für den Vater wird jedoch als Belastung vom Wert der Immobilie abgezogen. Dazu wird der Jahreswert der Nutzung (12 × 1.500,– € = 18.000,– €) für die voraussichtliche Zeit der Belastung, also die Lebenserwartung des Vaters, berücksichtigt. Für einen 65-jährigen Mann beträgt die durchschnittliche Lebenserwartung laut Statistischem Bundesamt 17,92 Jahre. Daraus hat das Bundesfinanzministerium einen Vervielfältiger für den Jahreswert des Nutzungsrechts von 11,525 berechnet.

Der **Wert des Nießbrauchsrechts** für den Vater ist also anzusetzen mit 11,525 × 18.000,– € = 207.450,– €. Wird dieser Wert als Belastung bei der Ermittlung der Schenkungsteuer abgezogen, liegt die Bereicherung des Sohnes bei 392.550,– € und damit unter dem Freibetrag von 400.000,– €. Deshalb fällt **keine Schenkungsteuer** an.

Weil die Übertragung zwischen Verwandten in gerader Linie erfolgt, fällt hier auch **keine Grunderwerbsteuer** an.

5.3.3 Sonderfall Familienheim

Soll die selbst genutzte Immobilie vererbt werden, gibt es unter bestimmten Bedingungen eine zusätzliche Vergünstigung bei der Erbschaftsteuer. Die Bedingung für diese Steuervergünstigung: Die Immobilie wurde vor dem Erbfall ausschließlich vom Erblasser und seiner Familie zu Wohnzwecken genutzt. Die Steuerbefreiung kann auch in Anspruch genommen werden, wenn der Erblasser aus zwingenden Gründen an der Eigennutzung gehindert war, z.B., weil er in eine Pflegeeinrichtung musste.

Erbschaft durch Ehe- und Lebenspartner

Der Ehe- oder Lebenspartner kann das Eigenheim unabhängig von Wert und Größe der Immobilie steuerfrei erben, wenn er nach der Erbschaft noch zehn Jahre darin wohnt. Zieht der Erbe nach weniger als zehn Jahren aus, muss er aber mit einer Nachforderung der Erbschaftsteuer rechnen, wenn es keinen zwingenden Grund gab, warum der Erbe die Immobilie nicht mehr zu eigenen Wohnzwecken nutzen konnte.

Als **zwingenden Grund** erkennt das Erbschaftsteuergesetz zum Beispiel an, dass der Erbe selbst pflegebedürftig wird und aus diesem Grund in ein Pflegeheim umziehen muss. Nicht akzeptiert wird aber ein Auszug zum Beispiel aus beruflichen Gründen oder weil das Objekt dem Erben zu groß geworden ist und er statt in einem Einfamilienhaus lieber in einer Zweizimmerwohnung leben möchte.

Erbschaft durch Kinder

Auch bei der Erbschaft durch Kinder sieht das Erbschaftsteuergesetz eine Steuerbegünstigung vor, sie geht aber nicht ganz so weit wie bei einer Erbschaft durch Ehe- und Lebenspartner. Für die Erbschaft durch ein Kind gilt die Steuerbefreiung nur bis zu einer Wohnfläche von **200 m^2**. Ist die Immobilie größer, gibt es nur eine anteilige Steuerbefreiung.

Damit die Steuerbefreiung gewährt werden kann, muss das Kind unmittelbar nach dem Erbfall selbst einziehen und die Immobilie als Familienheim, das bedeutet als **Erstwohnsitz,** nutzen. Eine genaue Eingrenzung, bis wann eine Eigennutzung als unmittelbar anzusehen ist, wurde nicht getroffen. Nach unserer Auffassung sollte der Einzug schnellstmöglich erfolgen.

Da die Erben aber den bisherigen Wohnsitz auflösen und ggf. Mietverträge fristgerecht kündigen müssen, akzeptiert die Finanzverwaltung einen Einzug innerhalb von **sechs Monaten** als unverzügliche Nutzung (ErbStH 2019 H E 13.4).

Ob die **Eigennutzung rechtzeitig** beginnt, beschäftigt seit Jahren immer wieder die Gerichte, wenn der Einzug des Erben erst später erfolgt. Zum Beispiel kann sich die **Erbauseinandersetzung** länger hinziehen, sodass erst nach mehr als sechs Monaten entschieden ist, wer die Immobilie erhält und sie nutzen kann. In diesem Fall müssen Sie schlüssig darlegen, warum sich die Einigung verzögert hat und keine frühere Eigennutzung möglich war (BFH-Urteil vom 23.6.2015, II R 39/13, BStBl. 2016 II S. 225).

Verzögert sich der Einzug, müssen Sie nicht nur darlegen, dass die Gründe dafür nicht von Ihnen zu vertreten waren. Führen Sie vor dem Einzug **aufwendige Renovierungsmaßnahmen** durch, ist das Ihre Entscheidung und rechtfertigt keinen späteren Einzug. Nur wenn ein **gravierender Mangel** beseitigt werden muss, der den Einzug verhindert, kann das als Grund akzeptiert werden. Außerdem müssen Sie erklären, wann Sie den Entschluss zur Selbstnutzung gefasst haben. Das können Sie zum Beispiel mit Maßnahmen zur Vorbereitung des Umzugs belegen (BFH-Urteil vom 28.5.2019, II R 37/16, BStBl. 2019 II S. 678).

Eine **dreijährige Renovierung** des Gebäudes war dem Finanzgericht Münster trotz erklärter Absicht zur Eigennutzung und schwerer Schäden am Gebäude deutlich zu lang (FG Münster vom 24.10.2019, 3 K 3184/17 Erb, EFG 2020 S. 214). Der Bundesfinanzhof wird sich im Revisionsverfahren noch mal mit dem Sachverhalt befassen müssen (Az. der Revision II R 46/19).

Auch für die Kinder gilt: Die Steuerbefreiung fällt rückwirkend weg, wenn der Wohnsitz innerhalb von **zehn Jahren** verlegt wird. Nur wenn die Aufgabe des Wohnsitzes aus **zwingenden Gründen** geschieht, muss keine Erbschaftsteuer nachgezahlt werden. Ein beruflicher Umzug ist dabei kein zwingender Grund. Auch wenn der Arbeitsvertrag einen anderen Wohnsitz vorschreibt, rechtfertigt das nicht die Steuerfreistellung des Familienheims. Finanzgericht und Bundesfinanzhof waren sich im Fall eines Hochschulprofessors einig, dass seine persönliche berufliche Entscheidung kein zwingender Hinderungsgrund im Sinne des § 13 Abs. 1 Nr. 4a ErbStG ist (BFH-Urteil vom 23.6.2015, II R 13/13, BStBl. 2016 II S. 1223).

Keine Steuernachzahlung müssen Sie dagegen befürchten, wenn der Erbe aus dem Elternhaus nach weniger als zehn Jahren auszieht, weil er selbst in eine Pflegeeinrichtung ziehen muss.

! Wegen der Verpflichtung, den Hauptwohnsitz für zehn Jahre in der ererbten Immobilie zu erhalten, sollte diese Steuerbefreiung nur dann in Anspruch genommen werden, wenn der Erbschaftsteuerfreibetrag durch das weitere Erbe aufgebraucht wird.

5.4 Steuercheck

Wie oben dargestellt hat die Übertragung einer Immobilie weitreichende steuerliche Auswirkungen für Eltern und Kinder. Die folgende Checkliste hilft Ihnen, die Auswirkungen zu prüfen und Strategien zu entwickeln.

Erbschaftsteuer	**ja**	**nein**	**Anmerkungen**
Freibeträge verfügbar/ ausreichend	[ ]	[ ]	bei »nein«: Übertragung evtl. aufschieben
Ist Steuerbefreiung für Familienheim bei Erbschaft möglich?	[ ]	[ ]	bei »ja«: Übergang durch Erbfall regeln
Einkommensteuer			
Kind muss Gelder aufbringen, hat also eigene Anschaffungskosten	[ ]	[ ]	steuerliche Folgen kalkulieren
Drei-Objekt-Grenze gefährdet	[ ]	[ ]	Klausel in Übergabevertrag aufnehmen
Steuerpflichtiger Veräußerungsgewinn bei den Eltern?	[ ]	[ ]	nach Möglichkeit Spekulationsfrist abwarten

6 Rechtliche Aspekte

Haben Sie sich für eine Übertragung entschieden, sind die juristischen Details zu klären. Um eine Übertragung genau nach Ihren Vorstellungen gestalten zu können, müssen Sie wissen, welche Schritte einzuhalten sind und welche Gestaltungen Sie wählen können. Denn bei Immobilien sind die Rechtsgeschäfte nicht mehr formfrei möglich, vielmehr ist eine **notarielle Beurkundung** erforderlich.

Stellen die Immobilien den größten Teil des Vermögens dar, können weitere Beschränkungen im Bürgerlichen Gesetzbuch Übertragungen erschweren oder gar verhindern, wenn nicht Ehepartner und gesetzliche Erben in den Prozess einbezogen werden.

6.1 Vermögensübertragung durch Schenkung

Möchten Sie etwas verschenken, ist das für Juristen ein **zweiseitiges Rechtsgeschäft.** Nicht nur der Schenker muss seine Schenkungsabsicht eindeutig erklären, auch der Beschenkte muss die Schenkung annehmen. Erst dann geht das Eigentum über. Werden Immobilien übertragen, müssen Schenkungen ebenso wie alle anderen Grundstücksgeschäfte durch einen **Notar** beurkundet werden. Dabei soll der Notar Sie über die Rechtsfolgen des Vertrags aufklären und bei Bedarf beraten.

Der Beschenkte wird neuer Eigentümer der Immobilie. Ab dem Zeitpunkt der Übertragung hat er alle Rechte, aber auch Pflichten des bisherigen Eigentümers übernommen. Er tritt in bestehende Verträge ein. Das umfasst auch die Verpflichtung zur Zahlung von mit der Immobilie verbundenen Lasten wie Grundsteuer, Anliegerbeiträge und anderen Abgaben. Der neue Eigentümer wird außerdem Vertragspartner der Mieter einer Mietimmobilie.

6.1.1 Welche Arten der Schenkung sind möglich?

Die bekannteste und gebräuchlichste Form ist eine **Schenkung ohne weitere Bedingungen.** Dabei wird der Beschenkte ohne Auflagen oder Gegenleistungen neuer Eigentümer der Immobilie.

Möchte der Schenker sich nicht völlig ohne Gegenleistung von seinem Vermögen trennen oder eine Schenkung an Bedingungen knüpfen, wird er eine **Schenkung unter Auflagen** wählen. Dabei wird der Eigentumsübergang mit Bedingungen verbunden, die der Beschenkte einhalten muss.

Diese Bedingungen werden häufig bei Schenkungen vereinbart:

- Wohnrecht für den bisherigen Eigentümer,
- Nießbrauchsrecht für den bisherigen Eigentümer,
- die Verpflichtung zu Pflege und Unterhalt des Schenkers,
- Übernahme noch offener Darlehen,
- Zahlung eines Ausgleichs an Geschwister (Gleichstellungsgeld).

Neben diesen weitverbreiteten Einschränkungen können Sie grundsätzlich beinahe jede beliebige Bedingung mit der Übertragung verbinden, solange diese nicht gegen geltendes Recht verstößt. Möchten Sie zum Beispiel verhindern, dass Ihr Elternhaus an den ungeliebten Nachbarn fällt, können Sie den Verkauf durch den Beschenkten für eine bestimmte Zeit verbieten oder diesen Käufer vollständig vertraglich ausschließen.

6.1.2 Wann kann eine Schenkung rückgängig gemacht werden?

Geschenkt ist geschenkt, heißt es schon bei kleinen Kindern. Doch gar nicht so selten entsteht nach einer Übertragung der Wunsch, alles rückgängig zu machen. Ganz so einfach ist die Angelegenheit nicht. Denn grundsätzlich gilt, dass nach einer Schenkung kein Anspruch besteht, den Vertrag rückgängig zu machen. Es gibt aber einige Ausnahmefälle, in denen eine Rückforderung tatsächlich möglich wird.

Bei Notbedarf des Schenkers

Eine Rückforderung ist immer dann möglich, wenn der Schenker **nicht mehr für seinen eigenen Unterhalt sorgen** oder gesetzliche Unterhaltsansprüche gegenüber Verwandten oder seinem Ehegatten nicht erfüllen kann (§ 528 BGB). Häufig erfolgt diese Rückforderung auf einem Umweg über das Sozialamt. Insbesondere ältere Menschen, deren Altersversorgung häufig für die hohen Kosten eines Pflegeheimaufenthaltes nicht ausreicht, müssen indirekt das verschenkte Vermögen zurückfordern.

Die Rückforderung erfolgt selbst dann, wenn **der Schenker inzwischen verstorben** ist (BGH, Urteil vom 25.4.2001, X ZR 229/99, FamRZ 2001 S. 1037). Sind allerdings zwischen der Schenkung und dem Eintritt der Bedürftigkeit zehn Jahre verstrichen, besteht nach § 529 Abs. 1 BGB kein Herausgabeanspruch mehr. Das gilt selbst dann, wenn der Schenker sich schon früher im Heim befunden hat und klar war, dass die Sozialhilfe eines Tages einspringen muss (BGH, Urteil vom 26.10.1999, X ZR 69/97, NJW 2000 S. 728).

Bei Immobilienschenkungen war lange die Frage umstritten, wann die Zehnjahresfrist beginnt, wenn sich der Schenker ein lebenslanges Nutzungsrecht an der Immobilie vorbehalten hat. Diese Fallkonstellation ist in der Praxis relativ häufig, insbesondere wenn es sich um selbst bewohnte Immobilien handelt, die schon zu Lebzeiten aus steuerlichen Gründen an Kinder verschenkt werden. In einem Urteil vom 19.7.2011 (Az. X ZR 140/10, ZErb 2011, S. 338) hat der Bundesgerichtshof aber klargestellt, dass die Frist des § 529 Abs. 1 BGB bereits mit dem Abschluss des formwirksamen Schenkungsvertrags und dem Antrag auf Umschreibung im Grundbuch beginnt.

! Wollen Sie auf jeden Fall verhindern, dass zum Beispiel Ihre Kinder wider Erwarten eines Tages das »geschenkte« Vermögen zurückgeben müssen, weil das Sozialamt es so will, sollten Sie dem wie folgt vorbeugen. Treffen Sie – am besten schriftlich – eine Vereinbarung, nach der die Vermögensübertragung nicht »unentgeltlich« erfolgt. Vereinbaren Sie zum Beispiel als

Gegenleistung eine Pflegeverpflichtung. Dann haben Sie nichts verschenkt. Der Empfänger muss ja etwas tun. Dasselbe gilt für andere Gegenleistungen wie zum Beispiel ein eingeräumtes Wohnrecht oder eine Rentenzahlung.

Sollte der Fall aber schon eingetreten sein, dass das verschenkte Vermögen wegen Notbedarfs zurückverlangt wird, brauchen die Beschenkten nicht unbedingt den **Vermögensgegenstand als solchen zurückzugeben,** wie es das Gesetz an sich verlangt. Das kann nämlich bei Hausgrundstücken, in die die Beschenkten zwischenzeitlich investiert haben, unwirtschaftlich sein. Hier reicht es, wenn der Unterhaltsbedarf des Schenkers zum Beispiel mittels einer angemessenen Unterhaltsrente abgedeckt wird (BGH, Urteil vom 17.9.2002, X ZR 196/01, NJW-RR 2003 S. 53) – natürlich nur bis zum Wert der Schenkung.

Wenn der Beschenkte sich als undankbar erweist

Eine Schenkung können Sie **widerrufen,** wenn der Beschenkte sich Ihnen oder einem nahen Angehörigen gegenüber als »**grob undankbar**« erwiesen hat (§ 530 BGB).

» Bedrohung des Lebens, körperliche Misshandlungen, schwere Beleidigung oder hartnäckige Weigerung des Beschenkten, ein vom Schenker vorbehaltenes Recht wie eine Rentenzahlung zu erfüllen (BGH, Urteil vom 5.2.1993, V ZR 181/91, NJW 1993 S. 1577). Bei Schenkung unter Eheleuten zählt auch ehewidriges Verhalten dazu.

! Wenn Sie sich den Ärger ersparen wollen, den »groben Undank« nachweisen zu müssen, minimieren Sie dieses Risiko. Vereinbaren Sie vertraglich ein **Rückforderungsrecht für bestimmte Fälle.** Als Beispiel für ein vereinbartes Rückforderungsrecht können genannt werden:

- Der Erwerber veräußert den geschenkten Gegenstand ohne vorherige Zustimmung des Schenkers.

- Der Erwerber gerät in Vermögensverfall (Zwangsvollstreckung, Insolvenz).
- Bei Zuwendung an den Ehegatten: Die Ehe wird geschieden.
- Beim Tod des Erwerbers vor dem Veräußerer.

Bei Immobilien kann das Rückforderungsrecht sogar im Grundbuch durch eine **Vormerkung** gesichert werden (BGH, Urteil vom 13.6.2002, V ZB 30/01, FamRZ 2002 S. 1399).

Wegen Missbrauchs der Schenkung zuungunsten eines (Vertrags-)Erben

Wer sich schon **durch einen Erbvertrag oder ein gemeinschaftliches Testament über sein Vermögen für den Todesfall gebunden** hat, kann zwar über sein Vermögen nach wie vor verfügen. Verschenken darf er Vermögensteile aber nur in Grenzen.

Denn wer als künftiger Erblasser **in »missbräuchlicher Absicht« schenkt,** muss damit rechnen, dass der Beschenkte nach dem Todesfall das Geschenk an den (Vertrags-)Erben herausgeben muss (§ 2287 BGB).

! Wollen Sie als Schenker verhindern, dass die Schenkung wegen »Missbrauchs« von den Erben herausverlangt wird, sollten Sie die Schenkungsvereinbarung entsprechend formulieren. Vereinbaren Sie mit dem Beschenkten am besten schriftlich, dass Sie ein persönliches Interesse an der Schenkung hatten. Zum Beispiel ließe sich vereinbaren, dass die Schenkung ein Dankeschön für die Pflege- und Betreuungsleistung sein solle – das Ganze natürlich aus Beweisgründen schriftlich, auch wenn es sich ansonsten um eine sogenannte Handschenkung handeln sollte. So etwas lässt sich auch noch nachträglich machen. Bei Immobilien ist aber immer notarielle Beurkundung erforderlich.

Wegen Gläubigerbenachteiligung

Aber auch Gläubiger des Schenkers können Rückforderungsrechte haben. Wenn der Schenker seine **Gläubiger benachteiligen** will, steht diesen nach dem Anfechtungsgesetz ein **Anfechtungsrecht** zu. Dieses Recht ist aber im Regelfall auf eine Zeitdauer von vier Jahren seit der Zuwendung begrenzt. Kann Ihnen der Vorsatz zur Gläubigerbenachteiligung nachgewiesen werden, beträgt die Anfechtungsfrist sogar zehn Jahre.

6.1.3 Einspruch des Ehegatten

Nicht nur Gläubiger könnten einer Immobilienübertragung widersprechen. Unter bestimmten Umständen haben auch Ehepartner die Möglichkeit, zu verhindern, dass Sie große Teile Ihres Vermögens verschenken.

§ 1365 BGB sieht vor, dass ein Ehepartner über sein Vermögen im Ganzen oder wesentliche Teile seines Vermögens nicht ohne Zustimmung des anderen Ehepartners verfügen darf. Diese Bestimmung greift häufig, wenn nur eine Immobilie vorhanden ist und diese verkauft oder verschenkt werden soll. Um mögliche Schwierigkeiten bereits im Vorfeld zu verhindern, enthalten die meisten Verträge über Grundstücke eine Erklärung, dass der bisherige Eigentümer nicht über sein Vermögen im Ganzen verfügt. Ist die Immobilie doch einer der größten Vermögensteile, kann alternativ auch die Zustimmung des Ehepartners in den Übertragungsvertrag mit aufgenommen werden.

6.1.4 Wenn der Beschenkte noch nicht volljährig ist

Schwierig wird es, wenn minderjährige Kinder Eigentümer einer Immobilie werden sollen. Für diesen besonderen Fall sieht das Bürgerliche Gesetzbuch einen umfassenden Schutz vor, der verhindern soll, dass ein Kind bereits mit finanziellen Belastungen belegt wird.

Weil eine Immobilie immer auch Verpflichtungen für den Eigentümer mit sich bringt, verlangt das Gesetz bei einer Immobilienschenkung an Minderjährige darum die Zustimmung durch einen vom Vormundschaftsgericht bestellten **Ergänzungspfleger.**

6.1.5 Pflichtteilsrecht

Verschenken Sie Teile Ihres Vermögens zu Lebzeiten, denken Sie dabei nur selten an mögliche Auswirkungen, die nach Ihrem Tod eintreten könnten. Häufig vergessen werden hier die Regelungen des Pflichtteilsrechts.

Grundsätzlich haben Sie die Freiheit, Ihr Vermögen zu Lebzeiten oder durch Testament beliebig zu verschenken oder zu vererben. Ein zwingendes Erbrecht von Familienangehörigen gibt es nicht. Damit aber die engsten Angehörigen nicht leer ausgehen, gibt es noch das Recht auf einen Pflichtteil. Werden Kinder durch ein Testament von der Erbschaft ausgeschlossen, dann haben sie gegen die Erben einen Ausgleichsanspruch. Sie können eine Zahlung verlangen, die dem halben Wert des gesetzlichen Erbteils entspricht.

» Nach dem Tod seiner ersten Ehefrau heiratet der Vater erneut. Sein Vermögen im Wert von 2.000.000,– € vermacht er im Testament seiner zweiten Ehefrau als Alleinerbin, den Sohn aus erster Ehe bedenkt er nicht.

Der Sohn kann von der Erbin die Auszahlung des Pflichtteils verlangen. Nach der gesetzlichen Erbfolge würde er die Hälfte des Vermögens erben, also 1.000.000,– €. Die Hälfte davon, also 500.000,– €, kann er als Ausgleichszahlung fordern.

Der Pflichtteilsanspruch ist entgegen landläufiger Meinung ein reiner **Geldanspruch.** Das bedeutet: Selbst wenn das Vermögen des Vaters in unserem Beispiel ausschließlich aus Immobilien bestand, hat der Sohn keinen Anspruch, als Erbersatz eine Immobilie übertragen zu bekommen. Er kann lediglich eine Geldzahlung fordern.

Einen Pflichtteilsanspruch haben zunächst einmal nur Kinder des Erblassers. Hat der Erblasser keine Kinder, können Ehepartner und Eltern einen Pflichtteil fordern. Anderen Verwandten steht kein Pflichtteilsrecht zu.

Der Pflichtteilsanspruch entsteht erst bei Erbschaft.

Schenkungen an Dritte oder Miterben

Hier hilft der Pflichtteilsergänzungsanspruch

Wenn der Erblasser die Ansprüche einer pflichtteilsberechtigten Person schmälern möchte, bietet es sich an, **den Nachlass schon zu Lebzeiten** zu verringern – und zwar durch Schenkung an andere Personen.

» Der Erblasser ist in zweiter Ehe verheiratet und möchte den Kindern aus erster Ehe so wenig wie möglich zukommen lassen. Deshalb überträgt er zu Lebzeiten schon größere Vermögensteile auf seine zweite Ehefrau.

In diesem Fall sichern die Vorschriften über den **Ergänzungspflichtteil** den Anspruch der indirekt enterbten Personen (§§ 2325 ff. BGB). Dieser Anspruch steht übrigens auch pflichtteilsberechtigten Erben zu, die nicht enterbt worden sind. Das kann sogar so weit gehen, dass ein Alleinerbe Pflichtteilsergänzung geltend machen kann, wenn sich der Erblasser zuvor »arm geschenkt« hat (§ 2326 BGB).

Die pflichtteilsberechtigte Person muss allerdings beweisen, dass die Zuwendung auch wirklich eine Schenkung war, also unentgeltlich erfolgt ist. Dabei kann durchaus ein Angehöriger – wie zum Beispiel der begünstigte Ehepartner des Erblassers – als Zeuge benannt werden.

Unentgeltlichkeit und somit eine Schenkung liegen auch dann vor, wenn der Erblasser Teile seines Nachlasses besonders »günstig« verkauft. Bei einem auffallend **groben Missverhältnis** spricht man hier von einer gemischten Schenkung. Nur der unentgeltliche Teil wird dann als Schenkung behandelt.

» Der Erblasser E »verkauft« sein Haus an eine »gute Freundin« zum Preis von 200.000,– €. Der wirkliche Wert beträgt aber 400.000,– €. In diesem Falle wird der überschießende Betrag von 200.000,– € als Schenkung behandelt, aus dem – sofern die sonstigen Voraussetzungen vorliegen – ein Ergänzungspflichtteil zu zahlen ist.

Kein grobes Missverhältnis liegt vor, wenn zum Beispiel ein Erblasser seiner Ehefrau Immobilien und sonstiges Vermögen als Entlohnung ihrer langjährigen Tätigkeit als Sprechstundenhilfe in seiner Arztpraxis überträgt und dadurch den Nachlass zulasten seines Sohnes aus erster Ehe verringert (OLG Oldenburg, Urteil vom 23.3.1999, 5 U 134/98). Dasselbe gilt, wenn Vermögen an Dritte als Gegenleistung für Pflege- und Versorgungsdienste übertragen wird (OLG Bamberg, Urteil vom 1.10.2007, 6 U 44/07, FamRZ 2008 S. 1031).

Pflicht- und Anstandsschenkungen (z.B. maßvolle Hochzeits- und Weihnachtsgeschenke) begründen ebenfalls keinen Pflichtteilsergänzungsanspruch (§ 2330 BGB).

Zehnjahresgrenze beachten

Schenkungen werden nur angerechnet, wenn sie **innerhalb der letzten zehn Jahre** vor dem Erbfall vorgenommen worden sind (§ 2325 Abs. 3 BGB).

In Erbfällen, die seit dem 1.1.2010 eingetreten sind, wird die **Schenkung Jahr für Jahr wertmäßig abgebaut** – und zwar pro Jahr um ein Zehntel (sogenannte »Abschmelzung« des Schenkungswerts). Dies gilt auch für Schenkungen, die vor Inkrafttreten dieser »Pro-Rata-Lösung« erfolgt sind, sofern der Erbfall seit dem 1.1.2010 eingetreten ist.

Bei Schenkungen an den Ehegatten **beginnt die Frist erst mit der Auflösung der Ehe** durch Scheidung oder Tod (vor dem Erbfall). Auch die 10 %ige »Pro-Rata-Lösung« beginnt erst ab der Auflösung der Ehe. **Folge:** Geschenke an den überlebenden Ehegatten sind nach dem Tod des Erblassers meistens ohne zeitliche Begrenzung und ohne jährliche 10 %ige Abschmelzung bei der Pflichtteilsberechnung zum Nachlass hinzuzuaddieren.

» Erblasser E ist geschieden und zum zweiten Mal wieder verheiratet. Aus seiner ersten Ehe ist eine Tochter hervorgegangen. Er schenkt seiner zweiten Ehefrau eine Eigentumswohnung und bestimmt sie im Testament zur Alleinerbin. Die Tochter aus erster Ehe übergeht er. Fünf Jahre nach der Schenkung stirbt er. Er hinterlässt seiner Frau ein Vermögen in Höhe von 400.000,– €. Hier ist die Schenkung nach wie vor mit dem vollen – indexierten – Wert zum Nachlass hinzuzuaddieren.

Selbst wenn die vermeintliche Schenkung eigentlich gar keine Schenkung ist, sondern eine sogenannte **»unbenannte ehebedingte Zuwendung«**, wird diese ohne Abschmelzung in die Pflichtteilsberechnung einbezogen. Gemeint sind die Fälle, in denen ein Ehegatte dem anderen einfach so etwas zuwendet, weil man miteinander verheiratet ist und davon ausgeht, dass man weiterhin verheiratet bleibt (OLG Schleswig, Beschluss vom 16.2.2010, 3 U 39/09, FamRZ 2011 S. 506). Das hat für den überlebenden Ehepartner häufig einschneidende wirtschaftliche Folgen.

» Eheleute bauen ein Haus und werden im Grundbuch je zur Hälfte als Eigentümer eingetragen. Die Finanzierung ist ausschließlich über Darlehen erfolgt. Die Ehefrau ist als Hausfrau tätig, sodass nur der Ehemann mit seinem Verdienst die Annuitäten trägt.

Die einzige Tochter verlangt nach dem Tod des Vaters von der alleinerbenden Mutter den Pflichtteil. Da dem Vater nur die Hälfte des Hauses gehörte, wäre normalerweise auch der Pflichtteil nur aus dem halben Wert zu berechnen. Da der Vater auch die Schulden seiner Frau mitbezahlt hat, werden die Zahlungen wie eine Schenkung dem Nachlass hinzugerechnet. Deshalb berechnet sich der Pflichtteil nicht nur aus dem halben Wert des Hauses, sondern auch aus der Summe der Zahlungen.

! Um den Pflichtteilsanspruch gegen den überlebenden Ehegatten nicht unnötig in die Höhe zu treiben, sollten die Partner hier unbedingt **schriftlich** vereinbaren, dass die Zuwendung als Unterhalt oder zur Alterssicherung erfolgt (OLG Stuttgart, Beschluss vom 26.1.2011, 19 W 52/10).

Beachten Sie: Die Zehnjahresfrist verstreicht auch nicht, wenn der Erblasser sich den uneingeschränkten **lebenslänglichen Nießbrauch trotz Eigentumsumschreibung** vorbehalten hat. Die Frist beginnt erst mit der Beendigung des Nießbrauchs, das heißt in der Regel mit dem Tod des Schenkers. In einem solchen Fall gibt es auch keine »Abschmelzung«, weil die Zehnjahresfrist gar nicht zu laufen begonnen hat.

Anders sieht es dagegen aus, wenn der Schenker die Sache so übergibt, dass er sie **praktisch nicht mehr besitzt.** Das ist beim **Wohnungsrecht** zum Beispiel der Fall, wenn der Schenker nur einen Teil des Hauses bewohnt, aber ansonsten nicht mehr »Herr im Haus« ist (OLG Karlsruhe, Urteil vom 15.1.2008, 12 U 124/07, NJW-RR 2008 S. 601).

Zu einer Pflichtteilsergänzung kommt es auch dann, wenn die pflichtteilsberechtigte Person **zum Zeitpunkt der Zuwendung noch nicht pflichtteilsberechtigt** oder noch gar nicht geboren war (BGH, Urteil vom 23.5.2012, IV ZR 250/11, NJW 2012 S. 2730). So kann auch ein Kind, das nach einer großen Schenkung geboren wurde, einen Pflichtteilsergänzungsanspruch aus dieser Schenkung geltend machen.

6.2 Erbschaft einer Immobilie

Wer sich zu Lebzeiten noch nicht von seinem Vermögen trennen will, muss deshalb nicht darauf verzichten, seine Vorstellungen davon zu verwirklichen, wer sein Vermögen erhalten soll und wie eine Nutzung aussehen kann.

Haben Sie keine Nachkommen oder legen keinen besonderen Wert darauf, wie das Vermögen nach Ihrem Tod verteilt und verwendet wird, können Sie die **gesetzliche Erbfolge** eintreten lassen. Das geschieht immer dann, wenn der Erblasser nichts geregelt hat, es also weder Testament noch Erbvertrag gibt. In diesem Fall erbt der Ehepartner 25 % des Vermögens, zuzüglich weiteren 25 % als pauschalen Zugewinnausgleich, wenn die Partner in einer Zugewinngemeinschaft lebten. Die verbleibende Hälfte des Nachlasses fällt den Kindern des Verstorbenen zu gleichen Teilen zu.

6.2.1 So muss ein gültiges Testament aussehen

Möchten Sie anstelle der gesetzlichen Erbfolge eine andere Regelung treffen, können Sie das mit einem Testament oder einem Erbvertrag. Die einfachere Wahl ist dabei das Testament, da es ohne Mitwirkung des späteren Erben aufgesetzt werden kann.

Damit die getroffenen Regelungen auch gültig sind, müssen einige Vorschriften eingehalten werden. Das Bürgerliche Gesetzbuch legt die **Formalien** präzise fest:

1. Der Verfasser muss mindestens 16 Jahre alt und testierfähig sein. Er darf nicht an Geistesschwäche, Bewusstseinsstörungen oder Ähnlichem leiden.

2. Der Verfasser muss erkennbar ein Testament errichten wollen.

3. Das Testament muss eigenhändig verfasst oder vor einem Notar beurkundet worden sein. **Wichtig:** Der gesamte Text des eigenhändigen Testaments muss vom Testierenden mit der Hand geschrieben werden.

4. Das Testament muss eigenhändig unterschrieben sein. Ist die Verfügung mehrere Seiten lang, unterschreiben Sie am besten jede Seite.
5. Ort und Datum sollten vermerkt sein. So kann bei mehreren Testamenten im Erbfall bewiesen werden, welches das zuletzt verfasste und damit meist gültige Testament ist.

Anstelle eines handschriftlichen Testaments können Sie Ihren Letzten Willen auch vor einem **Notar** darlegen und von diesem festhalten lassen. In diesem Fall müssen Sie das Testament nur eigenhändig unterschreiben.

Ein notariell errichtetes Testament hat für Sie einige Vorteile. Der Notar kann Sie bei der Ausformulierung des Testaments beraten und so verhindern, dass Sie Regelungen treffen, die später Anlass zu Auslegungsstreitigkeiten geben oder sogar ungültig sind. Außerdem können Sie sicher sein, dass ein notariell errichtetes Testament auch gefunden wird. Denn es wird nicht nur im zentralen Testamentsregister eingetragen, sondern auch bei Gericht hinterlegt. Die Gefahr, dass das Testament verloren geht oder nicht offengelegt wird, besteht also nicht.

6.2.2 Das können Sie in einem Testament regeln

Landläufig wird bei einem Testament vor allem an die Einsetzung eines oder mehrerer Erben gedacht. Doch das ist nur ein kleiner Teil dessen, was Sie mit einer testamentarischen Verfügung anordnen können.

Vermächtnis

Am häufigsten werden in einem Testament Vermächtnisse angeordnet. Ein Vermächtnis wendet einer bestimmten Person einen Gegenstand aus dem Nachlass zu. Der Begünstigte hat dadurch einen Anspruch gegen die Erben auf Übereignung des Gegenstands. Werden einem Erben bestimmte Gegenstände als Vermächtnis zugewandt, kann zusätzlich bestimmt werden, ob das Vermächtnis auf den Erbanteil angerechnet werden soll oder ob der Vermächtnisnehmer diese Vermögensteile zusätzlich erhalten soll.

» Sie wissen, dass Ihre Tochter an ihrem Elternhaus hängt und gerne genau diese Immobilie nach Ihrem Tod übernehmen möchte. Um Streitigkeiten mit den Geschwistern zu vermeiden und den Wunsch der Tochter zu erfüllen, können Sie in Ihrem Testament dieses Vermächtnis aufnehmen: »Meine Tochter *[Name]* erhält als Vermächtnis unser Wohnhaus, X-Straße 15, Mannheim. Der Wert der Immobilie soll bei der übrigen Erbauseinandersetzung mit einem Betrag von ..... auf ihren Erbteil angerechnet werden.«

Soll keine Anrechnung auf den Erbteil erfolgen, zum Beispiel, weil die Tochter die Eltern gepflegt hat, kann die Anordnung der Anrechnung auf den Erbteil wegfallen.

Teilungsanordnung

Ein Vermächtnis bedeutet eine separate Zuwendung von Teilen des Vermögens an eine Person, ohne dass diese Erbe werden muss. Wünschen Sie dagegen, dass Ihr Vermögen in einer bestimmten Weise unter den Erben aufgeteilt wird, können Sie im Testament auch eine Anordnung treffen, wie diese Aufteilung zu geschehen hat. Diese Teilungsanordnung verändert nicht den Erbanteil der einzelnen Erben, sondern legt fest, wer welche Vermögensteile aus dem Erbe erhalten soll. Ist mit den angeordneten Teilungsverfügungen der Erbteil nicht erfüllt, müssen die Erben dies untereinander ausgleichen.

» Im elterlichen Vermögen finden sich zwei Immobilien. Ein Mehrfamilienhaus im Wert von 800.000,– € sowie ein Einfamilienhaus mit einem Wert von 600.000,– €. Darüber hinaus ist Bargeld und Bankguthaben von insgesamt 300.000,– € vorhanden.

Die Eltern setzen als Erben die beiden Söhne ein und bestimmen in einer Teilungsanordnung, dass ein Sohn das Mehrfamilienhaus erhält und der Bruder das Einfamilienhaus erhalten soll. Da die Brüder zu gleichen Teilen Erbe geworden sind, hat derjenige, der durch die Teilungsanordnung das Einfamilienhaus zugewendet bekam, bei der Verteilung des Bargeldes einen größeren Anspruch.

Das Gesamtvermögen der Eltern betrug 1.700.000,– €, der Anteil für jeden Erben wäre Vermögen im Wert von 850.000,– €. Das Barvermögen ist also unter den Brüdern entsprechend aufzuteilen, sodass ein Bruder nur noch 50.000,– € aus dem Barvermögen erhält, während derjenige, der die Immobilie im Wert von 600.000,– € übernimmt, 250.000,– € Barvermögen erhalten muss.

Hätte das Barvermögen in unserem Beispiel nicht ausgereicht, den Erben gleichzustellen, der die kleinere Immobilie erhalten sollte, hätten die Erben dennoch untereinander für einen Ausgleich sorgen müssen. In diesem Fall hätte der Erbe des Mehrfamilienhauses seinen Bruder durch eine **Barzahlung** entschädigen müssen. Da beide Brüder zu gleichen Teilen Erben geworden wären, hätte ein Rechtsanspruch auf Ausgleich auch dann bestanden, wenn dazu ein Darlehen notwendig gewesen wäre.

Ist eine Teilungsanordnung so ausgestaltet, dass sie nicht ohne Weiteres aus dem Nachlass durchgeführt werden kann, weil **Ausgleichszahlungen** notwendig sind, könnte die Einhaltung dieser Verfügung für die Erben zu wirtschaftlichen Problemen führen. Auch sind Fälle denkbar, in denen die Erben untereinander eine völlig abweichende Aufteilung des Nachlasses wünschen. Häufig einigen sich die Erben dann untereinander darauf, bei der Auseinandersetzung des Erbes vom Willen der Erblasser abzuweichen und eine andere Verteilung vorzunehmen. Das ist rechtlich zulässig, wenn nicht eine Bedingung oder Strafklausel im Testament die Erben daran hindert, vom Willen der Erblasser abzuweichen.

! Mit einer Teilungsanordnung können Sie zwar Ihrem Willen zur Vermögensverteilung Ausdruck verleihen, aber gleichzeitig auch großen Unfrieden unter den Erben verursachen. Sofern Sie selbst eine bestimmte Aufteilung des Vermögens nach Ihrem Tod wünschen, empfiehlt es sich, diese bereits zu Lebzeiten mit den späteren Erben abzustimmen und erst danach in einer entsprechenden Teilungsanordnung im Testament festzuhalten.

Auflagen und Bedingungen

Nicht in jedem Fall will jemand sein Vermögen uneingeschränkt weitergeben. Für diesen Fall können Sie Auflagen und Bedingungen mit der Erbeinsetzung verknüpfen.

Werden Immobilien vererbt, können Sie so zum Beispiel ein Wohnrecht für den Ehepartner zur Auflage machen und das Wohnhaus dennoch bereits Ihren Kindern vererben. Eine solche Regelung kann sich dann anbieten, wenn so die Erbschaftsteuerfreibeträge besser ausgenutzt werden können.

Aber auch Auflagen, die von den Erben zuerst zu erfüllen sind, bevor sie die Erbschaft antreten können, lassen sich in einem Testament verfügen. So könnte der Zugriff auf das Erbe von dem Erreichen eines Ausbildungsabschlusses oder eines Mindestalters der Kinder abhängig gemacht werden. Solche Auflagen bieten sich an, wenn sehr große Vermögen zu übertragen sind und eine sinnvolle Verwaltung durch die Kinder erst zu erwarten ist, wenn diese über Ausbildung und Lebenserfahrung verfügen.

Vor- und Nacherbschaft

Ist nichts anderes bestimmt, wird der Erbe uneingeschränkter Eigentümer des Nachlasses und der darin befindlichen Immobilien. Er kann frei darüber verfügen, das heißt Teile verkaufen, verschenken und das Vermögen aufbrauchen.

Diese Freiheit des Erben ist nicht immer das, was der Erblasser sich wünscht. Häufig gibt es weiter gehende Vorstellungen, was mit dem

Vermögen geschehen soll. Ist gewollt, dass das Vermögen zunächst einer Person zufällt und zu einem späteren Zeitpunkt, zum Beispiel bei Tod des ersten Erben, an jemand anderen weitergegeben wird, kann auch das in einem Testament bestimmt werden.

In diesem Fall wird der erste Erbe nicht als Vollerbe eingesetzt, der völlig frei verfügen kann, sondern er wird als sogenannter **Vorerbe** nur eingeschränkt Eigentümer des Vermögens. Zu einem bestimmten Zeitpunkt muss er das ererbte Vermögen an den **Nacherben** weitergeben. Bis dahin darf er das Vermögen nutzen, es aber nicht aufbrauchen, verkaufen, belasten oder verschenken.

» Sie besitzen ein vermietetes Mehrfamilienhaus, dessen Einnahmen für den Lebensunterhalt im Ruhestand genutzt werden. Die Immobilie soll nach Ihrem Tod endgültig an die Kinder fallen. Zuvor soll aber Ihr Ehepartner die Einnahmen zur Sicherung des Lebensunterhalts zur Verfügung haben.

In diesem Fall kann der Ehepartner als Vorerbe eingesetzt werden, die Kinder werden Nacherben. So kann der Ehepartner mit Ausnahme eines Verkaufs oder einer Belastung frei über das Objekt und die Einnahmen verfügen und es ist dennoch sichergestellt, dass die Kinder nach dem Tod des Ehepartners Eigentümer der Immobilie werden. Verkauf oder Belastung des Grundstücks sind nur mit Zustimmung der Nacherben möglich.

Nicht nur der Tod des Vorerben kann Auslöser für den Übergang auf den Nacherben sein, auch andere Kriterien sind denkbar. So kann die Anordnung einer Vor- und Nacherbschaft auch vom Alter des Nacherben abhängig gemacht werden. Ist ein Kind zum Zeitpunkt der Testamentserstellung noch sehr jung, könnten die Eltern des Kindes als Vorerben einer Immobilie eingesetzt werden und der Nacherbfall an das Erreichen eines Mindestalters des Kindes geknüpft sein. So können Sie zum Beispiel erreichen, dass ein Enkelkind eine Immobilie dann erhält, wenn es die Einnahmen zur Finanzierung einer Ausbildung benötigt oder alt genug ist, die Verwaltung in eigener Verantwortung zu übernehmen.

6.2.3 Müssen sich die Erben an das Testament halten?

Ein Testament hält den Willen des Erblassers fest. Es regelt verbindlich, wer Erbe wird. Von diesen Regelungen können die Nachkommen zunächst einmal nicht abweichen. Es kommt nur dann zu anderen Erbverhältnissen, wenn ein Erbe ausfällt. Das geschieht meist aus zwei Gründen:

- Ein Erbe ist vor dem Erblasser verstorben: In diesem Fall wächst sein Erbteil den übrigen Erben im Verhältnis ihrer Erbteile zu. Der Erbteil des vorverstorbenen Erben fällt **nicht** automatisch an dessen Nachkommen. Möchten Sie für diesen Fall vorsorgen, müssen Sie **Ersatzerben** bestimmen.
- Ein Erbe schlägt die Erbschaft aus. Auch in diesem Fall wächst sein Erbteil den übrigen Erben zu.

Bei der **Erbauseinandersetzung** können die Erben vom Willen des Verstorbenen aber abweichen. Sind sich alle Erben einig, kann auch eine andere Verteilung des Nachlasses erfolgen.

» Als Erben hat der verwitwete Herr Schneider seine beiden Kinder zu gleichen Teilen im Testament bedacht. Im Nachlass finden sich zwei Immobilien in Berlin und Hamburg sowie Barvermögen. Da die Tochter bei Testamentserstellung in Hamburg lebte, hat er ihr die Immobilie in Hamburg per Teilungsanordnung zugedacht. Der Sohn sollte das Haus in Berlin erhalten. Bei seinem Tod lebt die Tochter in einer anderen Stadt und hat für die ihr zugedachte Immobilie keine Verwendung. Ihr Bruder dagegen möchte gerne seinen Wohnsitz nach Hamburg verlegen. Die Geschwister entscheiden daher, dass der Bruder bei Erbauseinandersetzung die Immobilie in Hamburg übernimmt, während die Schwester das Haus in Berlin bekommt.

6.2.4 Damit alles seine Ordnung hat: Testamentsvollstreckung

Möchten Sie sicherstellen, dass der Nachlass so aufgeteilt wird, wie Sie es sich wünschen, kann die Anordnung einer Testamentsvollstreckung eine Möglichkeit sein, den eigenen Willen über den Tod hinaus durchzusetzen.

Ein Testamentsvollstrecker kann vom Erblasser im Testament benannt werden oder auf Wunsch des Erblassers durch das Nachlassgericht eingesetzt werden. Seine Aufgabe ist es, den Nachlass auseinanderzusetzen. Das bedeutet, die Verteilung des Nachlasses auf die Erben nach dem Willen des Verstorbenen durchzuführen und bis dahin für eine ordnungsgemäße Verwaltung des Nachlasses zu sorgen.

Besonders, wenn sich viele Immobilien im Nachlass befinden, kann die Anordnung einer Testamentsvollstreckung bis zur endgültigen Aufteilung des Nachlasses hilfreich sein, um eine geordnete Weiterführung der Immobilienverwaltung sicherzustellen.

Auch wenn einer der Erben möglicherweise verschuldet ist, kann die Anordnung einer Testamentsvollstreckung den Nachlass vor Vollstreckungsmaßnahmen durch **Gläubiger eines Erben** schützen. Solange die Testamentsvollstreckung andauert, ist das Vermögen dem Erben noch nicht zugefallen und seine Gläubiger können nicht darauf zugreifen.

Wenn Sie im Testament einen Testamentsvollstrecker einsetzen möchten, achten Sie darauf, dass er über ausreichende Qualifikationen für diese anspruchsvolle Aufgabe verfügt. Besonders, wenn komplex zu verwaltendes Immobilienvermögen in der Erbmasse ist, sollte nur ein erfahrener Verwalter eingesetzt werden. Viele Erblasser vergessen bei der Einsetzung, dass der Testamentsvollstrecker erst nach dem eigenen Tod tätig wird. Es hat sich als wenig sinnvoll erwiesen, Geschwister oder Freunde einzusetzen, die annähernd gleich alt sind wie der Erblasser. Zu häufig kommt es dabei vor, dass der designierte Testamentsvollstrecker selbst verstirbt, bevor er seine Aufgabe antreten kann oder er der Aufgabe beim Tod des Erblassers gesundheitlich nicht mehr gewachsen ist.

! Wünschen Sie eine konsequente Einhaltung Ihrer Verfügung, kann das durch die Einsetzung eines Testamentsvollstreckers gesichert werden. Vor der Einsetzung sollten Sie die Bereitschaft Ihres Wunschkandidaten sicherstellen. Für den Fall, dass er die Aufgabe später doch nicht übernehmen kann, können Sie eine Ersatzverfügung treffen oder dem Nachlassgericht die Auswahl eines Testamentsvollstreckers überlassen.

Meist genügt eine Testamentsvollstreckung mit dem Ziel, die Abwicklung des Nachlasses geordnet durchzuführen, um die Wünsche eines Erblassers zu realisieren. Möchten Sie aber dauerhaft dafür sorgen, dass das Vermögen erhalten bleibt und nach Ihren Wünschen verwaltet wird, kann eine **Dauertestamentsvollstreckung** helfen. In diesem Fall ist der Testamentsvollstrecker nicht mit der Aufteilung des Nachlasses nach dem Willen des Erblassers beauftragt, sondern er hat das Vermögen dauerhaft zu verwalten und zu erhalten.

6.2.5 Ehegattentestament

Einen Sonderfall im Erbrecht bildet das gemeinsame Testament. Nur Ehegatten und eingetragene Lebenspartner haben die Möglichkeit, ein gemeinsames Testament zu errichten. Darin kann gemeinsam der Verbleib des Vermögens beider Partner geregelt werden.

Gebräuchlich und bekannt ist das sogenannte **Berliner Testament.** Dabei setzen sich die Ehepartner gegenseitig zu Alleinerben ein und bestimmen zugleich, dass nach dem Tod des Längstlebenden das Vermögen an die Kinder fällt.

Bevor ein Ehegattentestament aufgesetzt wird, sollten Sie genau prüfen, ob es Ihren Wünschen und Vorstellungen entspricht und wie es abgefasst werden sollte.

Diese Punkte müssen Sie beachten:

- Der überlebende Partner kann über den Nachlass frei verfügen. Verbraucht er das Vermögen oder verschenkt es, gehen die Kinder trotz Erbeinsetzung leer aus.
- Das gemeinsame Testament kann nur von beiden Partnern gemeinsam geändert werden. Nach dem Tod des ersten Partners kann es nicht mehr geändert werden, wenn das nicht ausdrücklich vereinbart wurde.

» Eheleute Meyer errichten ein gemeinsames Testament, in das sie sich wechselseitig als Erben einsetzen und die beiden gemeinsamen Kinder als Schlusserben bestimmen. Der Ehemann verstirbt kurz darauf. Die junge Witwe findet einen neuen Partner, mit dem sie ein weiteres Kind bekommt. Da sie an das ursprüngliche Ehegattentestament mit dem ersten Ehemann gebunden ist, kann sie dieses Kind nicht mehr als Erben einsetzen. Bei ihrem Tod erhält es nur den Pflichtteil.

So kann das gemeinsame Testament das eigene Vermögen vor dem ungewollten Zugriff anderer, zum Beispiel späterer Ehepartner, schützen. Es führt aber unter Umständen auch zu Problemen durch die Bindungswirkung für den überlebenden Partner. Diese Schwierigkeiten sollten Sie bedenken und berücksichtigen. Es bieten sich diese Lösungen an:

- Das Testament gestattet dem überlebenden Partner ausdrücklich, neu zu testieren.
- Für den Fall einer Wiederverheiratung wird eine Klausel aufgenommen, die eine Weitergabe des Vermögens an die gemeinsamen Kinder garantiert. Für das weitere Vermögen wird dann eine Testierfreiheit des überlebenden Partners festgehalten.

6.2.6 Der Erbvertrag als Alternative zu einem Testament

Außer in einem Testament können Sie Ihren Nachlass auch in einem Erbvertrag regeln. Der Erbvertrag hat rechtlich völlig andere Hintergründe als ein Testament: Während ein Testament eine einseitige Willenserklärung des Erblassers ist, wie der Nachlass verteilt werden soll, handelt es sich beim **Erbvertrag** um eine **gegenseitige Vereinbarung.**

Das hat zur Folge, dass beide Parteien Rechte aus diesem Vertrag erwerben. Während beim Testament der **Erbe** keinen Rechtsanspruch bekommt, hat er bei Abschluss eines Erbvertrages einen **rechtlich gesicherten Anspruch** auf die spätere Übertragung des Nachlasses beim Tod des Vertragspartners.

Eine **Änderung dieser Erbeinsetzung** ist nur noch möglich, wenn auch der spätere Erbe dieser Vertragsänderung zustimmt. Ein Testament dagegen kann der Testierende jederzeit einseitig verändern, ohne die bisher als Erbe eingesetzten Personen einzubeziehen.

Der Erbvertrag muss aus diesem Grund **persönlich vor einem Notar unterzeichnet** werden. Lediglich der spätere Erbe könnte sich vertreten lassen. Der Erblasser muss in jedem Fall persönlich im Notariat erscheinen.

Häufig werden solche Verträge **in Zusammenhang mit einem Ehevertrag** geschlossen. Dabei wird dem Ehepartner, der auf einen Zugewinnausgleichsanspruch verzichtet, im Gegenzug ein fester Erbteil zugesagt.

Anderer Fall: Erbverträge werden eingesetzt, um die **Übernahme des Familienvermögens durch die Kinder** zu regeln. Dabei werden alle Kinder bereits zu Lebzeiten mit der gewünschten Nachfolgeregelung vertraut gemacht und stimmen dieser zu.

Sinnvoll ist die Nutzung eines Erbvertrages dann, wenn ein Kind auf erhebliche Erbteile verzichten soll, weil beispielsweise das **Unternehmen einem einzelnen Nachkommen übergeben** werden soll.

Ist der Verzicht so hoch, dass das Kind unter den eigenen Pflichtteil im Erbfall fällt, wird im Erbvertrag dann ein sogenannter **Pflichtteilsverzicht** vereinbart. Damit können die Eltern schon zu Lebzeiten sicherstellen, dass der spätere Erbe nicht durch Pflichtteilsforderungen von Geschwistern gezwungen ist, das Unternehmen doch noch zu veräußern.

Häufig werden für einen solchen Pflichtteilsverzicht dann schon zu Lebzeiten **Ausgleichszahlungen** an die Kinder geleistet, die vor dem Notar endgültig auf spätere Erbansprüche verzichten.

Bei diesen Abfindungszahlungen ist die **steuerliche Gestaltung** unbedingt zu beachten. **Zahlen die Eltern** bereits vorweg aus ihrem eigenen Vermögen eine Gegenleistung für den Verzicht auf den Pflichtteil, handelt es sich hierbei um ein Erwerb von den Eltern. Dieser wird nach Steuerklasse I mit dem hohen Steuerfreibetrag für Erwerbe von Kindern von 400.000,– € je Elternteil versteuert.

Zahlen jedoch die Geschwister den Ausgleichsbetrag, ist es komplizierter. Lange wurden diese Zahlungen steuerlich so behandelt, als sei das Geld von den Eltern zugeflossen. Diese Praxis wurde auch vom Bundesfinanzhof mitgetragen, führte aber zu großen Problemen in der Steuerfestsetzung. Nach neuer Einschätzung handelt es sich um einen Erwerb unter den Geschwistern. Hierbei gilt Steuerklasse II und der deutlich geringere Freibetrag von 20.000,– € für Erwerbe zwischen Geschwistern. So sieht es mittlerweile der Bundesfinanzhof (BFH-Urteil vom 10.5.2017, II R 25/15, BFH/NV 2017 S. 1391).

! Diese Änderung in der Rechtsprechung sollten Sie unbedingt bedenken, wenn Sie einen **Pflichteilsverzicht** vereinbaren möchten. Vermeiden Sie, dass die Geschwister untereinander Ausgleichszahlungen leisten und achten Sie darauf, dass die Abfindung möglichst von den Eltern geleistet wird, da hier höhere Erbschaftsteuerfreibeträge zur Verfügung stehen.

6.2.7 Was passiert ohne Testament?

Gibt es kein Testament und keine anderweitige Regelung für den Todesfall, gilt das gesetzliche Erbrecht nach dem Bürgerlichen Gesetzbuch. Die Erben werden im Verhältnis der gesetzlichen Erbquoten zunächst gemeinsam als Erbengemeinschaft auch Eigentümer der Immobilien im Vermögen des Verstorbenen.

Es liegt in der Entscheidung der Erben, ob sie diese Eigentümergemeinschaft auf Dauer fortsetzen und die Immobilien gemeinsam verwalten möchten, oder ob sie eine Teilung herbeiführen, bei der die Gemeinschaft aufgelöst wird.

Haben Sie keine besonderen Vorstellungen und Wünsche für die künftige Verwendung und Nutzung Ihres Vermögens, kann auch die gesetzliche Erbfolge ein geeigneter Weg der Nachlassregelung sein. Bedenken Sie aber, dass Meinungsverschiedenheiten oder Streitigkeiten unter den Erben die Nachlassverwaltung und -auseinandersetzung erschweren können und dadurch auch der Wert des Gesamtvermögens schnell abnehmen kann.

! Eine umfassende Darstellung des Erbrechts und der Möglichkeiten, mit einem Testament die Erbfolge zu verändern finden Sie in »Das Erbe rechtlich und steuerlich optimal gestalten«.

7 Immobilien geerbt – was nun?

Eine Erbschaft kann aus heiterem Himmel auf Sie zukommen. Ein Angehöriger stirbt und Sie sind gesetzlicher Erbe oder in einem Testament begünstigt.

Nun ist es wichtig, die richtigen Schritte einzuleiten, damit ein mögliches Erbe nicht kurzfristig schon an Wert verliert oder auch um sich zu schützen, falls das Erbe nicht werthaltig sein sollte.

7.1 Erste Schritte

Kommen Sie als gesetzlicher Erbe bei einem Todesfall infrage, sollten Sie zunächst prüfen, ob die gesetzliche Erbfolge gilt oder ob der Verstorbene durch ein Testament abweichende Verfügungen getroffen hat.

Finden Sie ein handschriftliches **Testament,** sind Sie verpflichtet, das Dokument beim zuständigen Nachlassgericht vorzulegen. Sind in dem Dokument Personen als Erben aufgeführt, erleichtern Sie dem Nachlassgericht die Arbeit, wenn Sie die Namen und Adressen der Beteiligten und der Verwandten in gerader Linie, die als gesetzliche Erben infrage kommen, bereits mitteilen.

In der Folge sollten Sie den Nachlass sichten und sich einen Überblick über Vermögenspositionen und Verbindlichkeiten des Verstorbenen verschaffen. Diese **Nachlassaufstellung** benötigen Sie in der Folge für verschiedene Zwecke. Sie erlaubt es Ihnen, zu entscheiden, ob das Erbe angenommen werden soll oder ob möglicherweise eine Ausschlagung oder eine Nachlassinsolvenz notwendig wird. Auch wenn dieses Risiko nicht besteht, kommen Sie um eine Auflistung des Nachlasses nicht herum. Beantragen Sie einen **Erbschein,** ist der Wert des Nachlasses detailliert darzulegen. Er dient als Basis für die Kostenberechnung des Nachlassgerichts. Weiter wird das Erbschaftsteuerfinanzamt die Aufstellung verlangen, wenn die Möglichkeit besteht, dass Erbschaftsteuer fällig wird.

Prüfen Sie, ob es **Vollmachten** des Verstorbenen gibt, die auch nach dem Tod den Zugriff auf Konten und Vermögen gestatten, und informieren Sie Banken, Versicherungen und andere wichtige Vertragspartner.

! Erteilen Sie einem der Erben eine Vollmacht für die wichtigsten Bankkonten, die auch über den Tod hinaus gilt. So können auch im Erbfall Zahlungsverpflichtungen bedient werden.

Zunächst einmal treten die Erben die Rechtsnachfolge des Verstorbenen an und treten damit auch in die **Mietverträge** ein, die dieser für seine Immobilien geschlossen hat. Informieren Sie auch die Mieter über den Todesfall und teilen Sie einen neuen Ansprechpartner mit, der auch bei Notfällen kurzfristig erreichbar sein sollte.

Damit sollte sichergestellt sein, dass die vorläufige Verwaltung des Nachlasses möglich ist. Im nächsten Schritt müssen die Erben nun die Nachlassabwicklung und Erbaufteilung regeln.

7.2 Alleinerbe und Erbengemeinschaft

Gibt es nur einen Erben, sind die nächsten Schritte einfach und wenig problematisch. Sobald die Erbeneigenschaft feststeht (das heißt, dass man Erbe ist), kann ein Erbschein beantragt werden, mit dem der formale Eigentumsübergang auf den Erben erfolgt. Gibt es kein Testament, kann ein Erbschein schon vom Zeitpunkt des Todes an durch den oder die gesetzlichen Erben beantragt werden. Liegt ein Testament vor, muss die Testamentseröffnung abgewartet werden.

7.2.1 So wird ein Erbschein beantragt

Der Antrag auf einen Erbschein muss beim zuständigen Nachlassgericht gestellt werden. Antragsberechtigt sind die Erben einzeln oder gemeinsam. Sind mehrere Personen Erben geworden, kann auch einer von ihnen den Antrag auf einen gemeinsamen Erbschein stellen.

In diesem Fall werden vom Gericht die Miterben zu dem Antrag angehört, wenn nicht bereits beim Antrag selbst Zustimmungserklärungen der Miterben vorgelegt wurden.

Zu dem **Erbscheinantrag** gehört nicht nur die Aufstellung des Nachlasses auf dem Antragsformular des Amtsgerichts, sondern auch eine Versicherung an Eides statt, dass die Antragsteller Erben geworden sind. Diese Versicherung muss bei einem Notar oder beim Nachlassgericht beurkundet werden. Ergänzt wird der Antrag um einige Urkunden aus dem Familienstammbuch:

- Sterbeurkunde,
- Urkunden zum Nachweis der Verwandtschaft mit dem Erblasser (Geburts- und Heiratsurkunden),
- Sterbeurkunden bereits verstorbener Personen, die als Erben infrage gekommen wären,
- ggf. eine Scheidungsurkunde des Erblassers.

Abs.: ....
(Name, Anschrift)

Amtsgericht Kusel
- Nachlassgericht -
Trierer Straße 71
66869 Kusel

Erbscheinsverfahren ....
(Vor- und Nachname d. Erblassers/Erblasserin)

Angaben zur/zum Antragstellerin/Antragsteller:

Vorname, Name:	**geborene, geborener:**	**geboren am:**
Straße, PLZ, Wohnort:	**Telefon, E-Mail:**	**Verhältnis zum Erblasser (z. B. Ehegatte, Kind):**

Angaben zur/zum Erblasserin/Erblasser:

Vorname, Name:	**geborene, geborener:**	**geboren am:**
in (Geburtsort):	**zuletzt wohnhaft:**	**gestorben am, in:**

Testament/Erbvertrag ☐ nein ☐ ja, ☐ werde ich beim Nachlassgericht abliefern

Weitere Miterben sind: - ggf. weitere Miterben auf der Rückseite oder Anlage aufführen -

Vorname, Name:	**Geburtsdatum:**	**Adresse:**

....
(Datum, Unterschrift)

Aktenzeichen	**Nachlassaufstellung**	Sollte bei den einzelnen Abschnitten der Raum für Ihre Eintragungen nicht ausreichen, so fügen Sie bitte eine besondere Anlage bei. **Bitte geben Sie jeweils nur den Wert an, mit dem der Erblasser beteiligt war.**
Nachlasssache (Vor-,Familien-,ggf.Geburtsname,Todestag)		

I. Nachlassmasse		**EUR**
1.	**Guthaben** bei Banken, Spar- u. Bausparkassen, Postbanken usw. (Bestätigungen beifügen) und **Bargeld** am Todestag	
2.	**Wertpapiere** (Kurswert am Todestag; Kurswertberechnungen beifügen)	
3.	**Wertvolle Gegenstände** des persönlichen Gebrauchs, (z.B. Pelzmantel), Kunstgegenstände, Schmuck, Gold- u. Silbersachen	
4.	**Sterbegelder, Lebensversicherungen** und andere Versicherungen (soweit sie in den Nachlass fallen, d.h. nicht zu Gunsten einer bestimmten Person abgeschlossen wurden)	
5.	**Fahrzeuge** (Marke, Typ, Baujahr u. Kilometerstand angeben)	
6.	**Grundstücke**, Wohnungseigentum, Erbbaurechte (Kopie der Brandversicherungspolice beifügen) **Eingetragen im Grundbuch von .... Blatt ....** Verkehrswert (=Verkaufswert - falls nicht bekannt, bitte schätzen, Einholung Gutachten nicht erforderlich) ⟶ Nähere Angaben zum Grundbesitz: Lage, Nutzungsart: .... Grundstücksgröße/m² .... Brandversicherungswert 1914 ....Mark Herstellungsjahr .... (aus der Feuerversicherungspolice zu entnehmen)	
7.	**Erwerbsgeschäft**, Handelsgeschäft, Handwerksbetrieb (Kopie des Betriebseinheitswertbescheides u. der letzten Bilanz beifügen) Ist die Firma im Handelsregister eingetragen? ☐ Nein ☐ Ja; Amtsgericht	
8.	**Sonstiger Nachlass**, z.B. Beteiligung an Gesellschaft, Erbengemeinschaft, Forderungen gegen Dritte, sonstige Sachen und Rechte (nähere Bezeichnung)	

- Seite 2 -

II Nachlassverbindlichkeiten		**EUR**
1.	**Darlehen** (offener Saldo am Todestag), Grundschulden, Hypotheken, Rentenschulden oder Reallasten (lastend auf dem Grundeigentum nach Abschnitt I.6) **Achtung:** Bei Grundschulden ist nur die Höhe der zugrunde liegenden noch offenen Forderung zum Todestag anzugeben. **Bitte Belege beifügen.**	
2.	**Sonstige Verbindlichkeiten**, auch Steuerrückstände, Geschäfts- u. landwirtschaftliche Betriebsschulden unter Angabe des Zinssatzes und des Schuldgrundes	
3.	**Krankheits- und Arztkosten**, soweit sie nicht von einem anderen, insbesondere einer Krankenkasse, ersetzt werden (Restbetrag)	
	Summe II	

Nur bei Erbscheinsverfahren angeben: **III. Nachlassverbindlichkeiten, die durch den Todesfall entstanden sind**		**EUR**
1.	**Beerdigungskosten**, Ausgaben für die Errichtung eines Grabsteines usw., soweit sie nicht von einem anderen, insbesondere einer Kranken- oder Sterbekasse, ersetzt werden	
2.	Vermächtnisse, Pflichtteilsrechte und Auflagen	
	Summe III	

Ich versichere die Richtigkeit und Vollständigkeit vorstehender Angaben und bin bereit, die Richtigkeit durch Vorlage von Belegen nachzuweisen.

☐ **Ich gebe meine Zustimmung zur Einholung einer Auskunft beim Finanzamt über den Wert der Nachlassgegenstände.**

Amtsgericht Kusel
– Nachlassgericht –
Trierer Straße 71
66869 Kusel

Ort und Datum

Unterschrift

! Sie können mit dem Antrag auf Erteilung eines Erbscheins auch eine **Grundbuchkorrektur** beantragen. Dann werden die Erben automatisch als neue Grundstückseigner im Verhältnis der Erbquoten eingesetzt. Alleinerben ersparen sich dadurch eine aufwendige Grundstücksumschreibung, die weitere Kosten verursacht.

Für Erbengemeinschaften ist die Grundbuchkorrektur auf diesem Weg nur dann möglich, wenn keine abweichende Aufteilung der Grundstücke gewünscht wird.

Sobald der Erbschein vorliegt, können Sie die Umschreibung von Konten und Darlehen veranlassen. Geht es um Versorgungsverträge, ist es sinnvoll, gleichzeitig eine Information zu Tarif- und Vertragsdaten anzufordern. So haben Sie für Ihre Akten einen aktualisierten Überblick über Vertragslaufzeiten und Kosten, ohne alle Unterlagen des Erblassers noch einmal durchsuchen zu müssen.

7.2.2 So organisieren Sie die Immobilienverwaltung

Sind Sie durch die Erbschaft erstmals Immobilieneigentümer geworden, wird es einige Zeit dauern, bis Sie die Verwaltungsaufgaben möglichst einfach organisiert haben.

Beginnen Sie für den Anfang damit, die **Zahlungen** laufend zu überwachen und ein System für die Ablage und Ordnung von Belegen und Schriftverkehr anzulegen.

Möchten Sie die **Nebenkostenabrechnung** selbst erstellen, helfen verschiedene EDV-Lösungen bei der Erfassung und Abrechnung der Kosten in Übereinstimmung mit den rechtlichen Vorschriften. Wer diese Arbeit nicht selbst leisten möchte, kann die Aufgabe und weitere Verwaltungstätigkeiten auch einem Hausverwalter übergeben. Das ist besonders dann zu empfehlen, wenn der Eigentümer weit weg von der Immobilie wohnt und bei Notfällen nicht kurzfristig reagieren kann.

7.2.3 Die künftige Nutzung der Immobilie

Haben Sie eine oder mehrere Immobilien geerbt, stellt sich die Frage der weiteren Nutzung.

Bei vermieteten Immobilien treten Sie zunächst als Vermieter in den Mietvertrag des Erblassers ein. Der Eigentumsübergang verändert nichts an dem Mietvertrag, der bereits besteht. Streben Sie eine andere Nutzung der Immobilie an, müssen Sie sich an die Kündigungsmöglichkeiten des Mietrechts halten. Für eine Kündigung muss ein berechtigtes Interesse des Vermieters vorliegen.

Das Gesetz sieht als Kündigungsgründe hier nur Eigenbedarf, schwere Vertragsverletzungen des Mieters und erhebliche Nachteile bei einer angemessenen Verwertung des Grundstücks durch den Mietvertrag vor. Diese engen Beschränkungen für Kündigungen durch den Vermieter machen es Ihnen schwer, dem Mieter den bestehenden Vertrag aufzukündigen. Besprechen Sie sich am besten vor einer Kündigung mit einem Mietrechtsexperten, ob Ihre Kündigungsgründe auch einer Klage des Mieters standhalten können.

Haben Sie das bisher selbst genutzte Eigenheim des Verstorbenen geerbt, stehen Sie vor der Frage, ob Sie oder ein Miterbe selbst einziehen, das Objekt vermieten oder verkaufen möchten.

Möchten Sie selbst einziehen, kann ein schneller Einzug Erbschaftsteuer sparen, wenn Sie dadurch Anspruch auf die Vergünstigung für ein Familienheim haben. Soll die Immobilie dagegen verkauft oder vermietet werden, stehen zahlreiche Aufgaben an.

Das Objekt muss geräumt und der Hausstand aufgelöst werden. Für eine direkte Vermietung fehlen oft die notwendigen Verbrauchszähler zur Nebenkostenerfassung; es müssen Rauchmelder angebracht und ein Energieausweis erstellt werden, bevor Sie sich auf die Suche nach einem geeigneten Mieter begeben können.

Eine detaillierte Darstellung aller erforderlichen Schritte vor einem Verkauf oder der Vermietung durch die Erben würde den Rahmen dieses Beitrags sprengen.

Index

N

O

P

S

T

U

V

W